On
Off

On or Off 2

# On or Off

On or Off

# Kapitel 3

# On or Off

On or Off

Auf gute Zusammen-arbeit.
Direktor Kang.
Grins

In Ordnung, dann auch meinerseits ...
... auf gute Zusammen-arbeit.
Herr Ahn.

In Ord-
nung!
Schüttel
Schüttel
Schüttel
Schüttel
Schüttel
Entschul-
digung
...
?

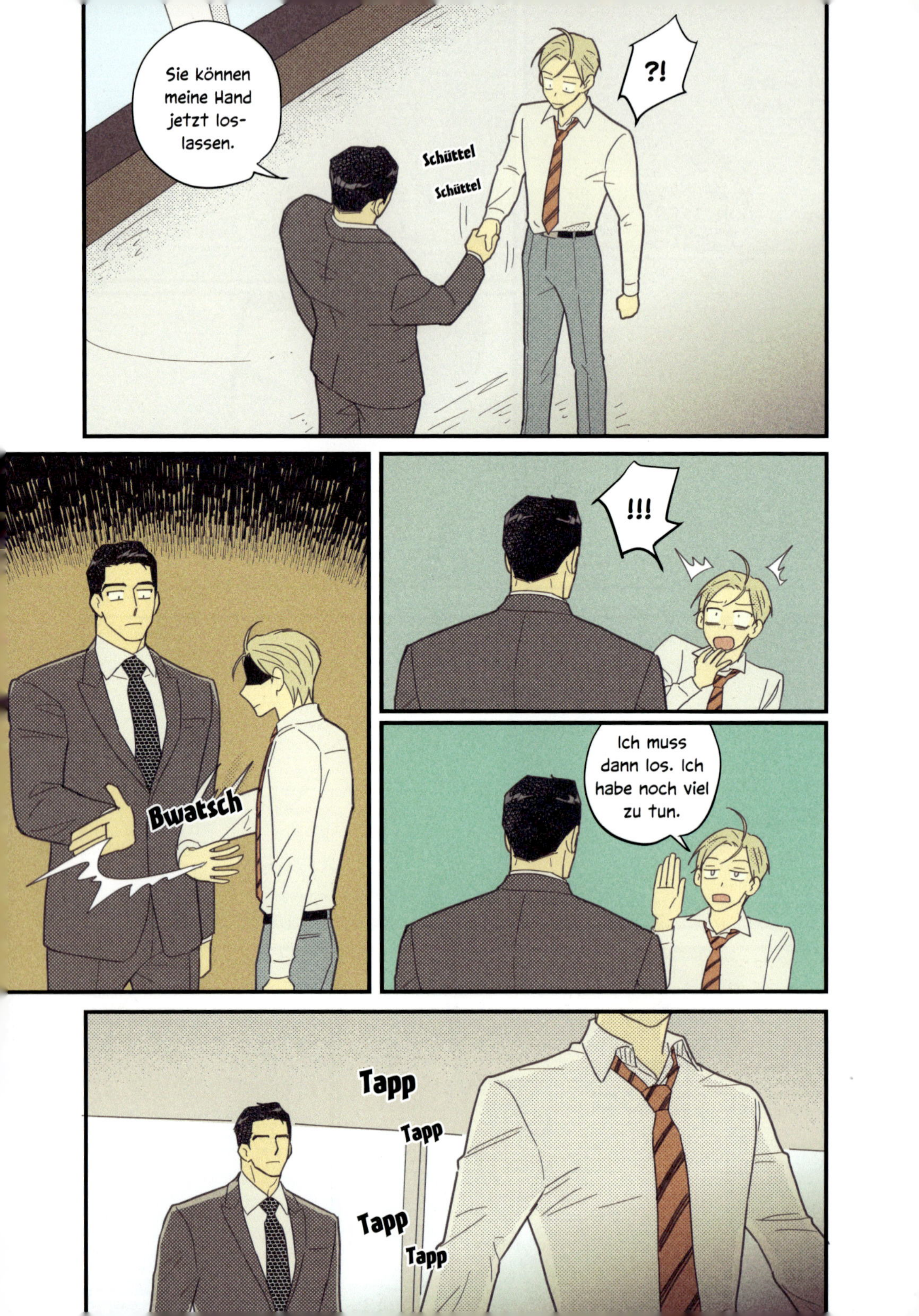

Sie können meine Hand jetzt los-lassen.
Schüttel
Schüttel
?!
Bwatsch
!!!
Ich muss dann los. Ich habe noch viel zu tun.
Tapp
Tapp
Tapp
Tapp

...
Pfft ...!
Waaaah, wie peinlich! Peinlich!
Was war das denn gerade? »Ich muss dann los. Ich habe noch viel zu tun.« Ernst-haft?
Er ist doch eher in der Posi-tion, so etwas zu sagen!
Und warum habe ich seine Hand schon wieder so lan-ge gehalten?
Die Tatsache, dass der Hände-druck von mir aus-ging, ist auch total komisch!
Ich benehme mich eher wie ein 15-jähriger Geschäfts-mann!
Warum?! Argsrhsk!!

Schluss! Aus! Jetzt reiß dich zusammen!
Beruhig dich und erzähl deinen Freunden, dass wir ein neues Büro bekommen werden!
Sicherlich werden sie durchdrehen vor Freude, wenn ich ihnen davon erzähle. Am besten, ich beruhige mich erst mal!
Beruhig dich! Ganz ruhig ...!
Sie kümmern sich um Ihr Team ...
... und waren doch deren Repräsentant, oder?
Wenn das nicht ein Geschäftsführer macht, wer sonst?
Hwaahglsdhf! Also wirklich, was habe ich nur getan, dass er mir ein solches Kompliment maaaacht?!
Patsch
Patsch
Patsch
Ich weiß auch nicht!
Patsch
Patsch

Ah, was mach ich nur? Wenn ich in diesem Zustand zurückgehe, habe ich Sorge, dass ich alles ausplaudern werde!
Was soll ich nur tun, um wieder runterzukommen?
Soll ich mir mal schnell ...?
Effektivster Weg zur Beruhigung
Nein, nein! Wenn ich es jetzt tue, werde ich nur an Direktor Kang denken! Das gehört sich nicht.
Wir sind jetzt Businesspartner. Gleichgestellte Businesspartner ...
Entschuldigung, Sie haben etwas an Ihrem Mund.
...

Katschack

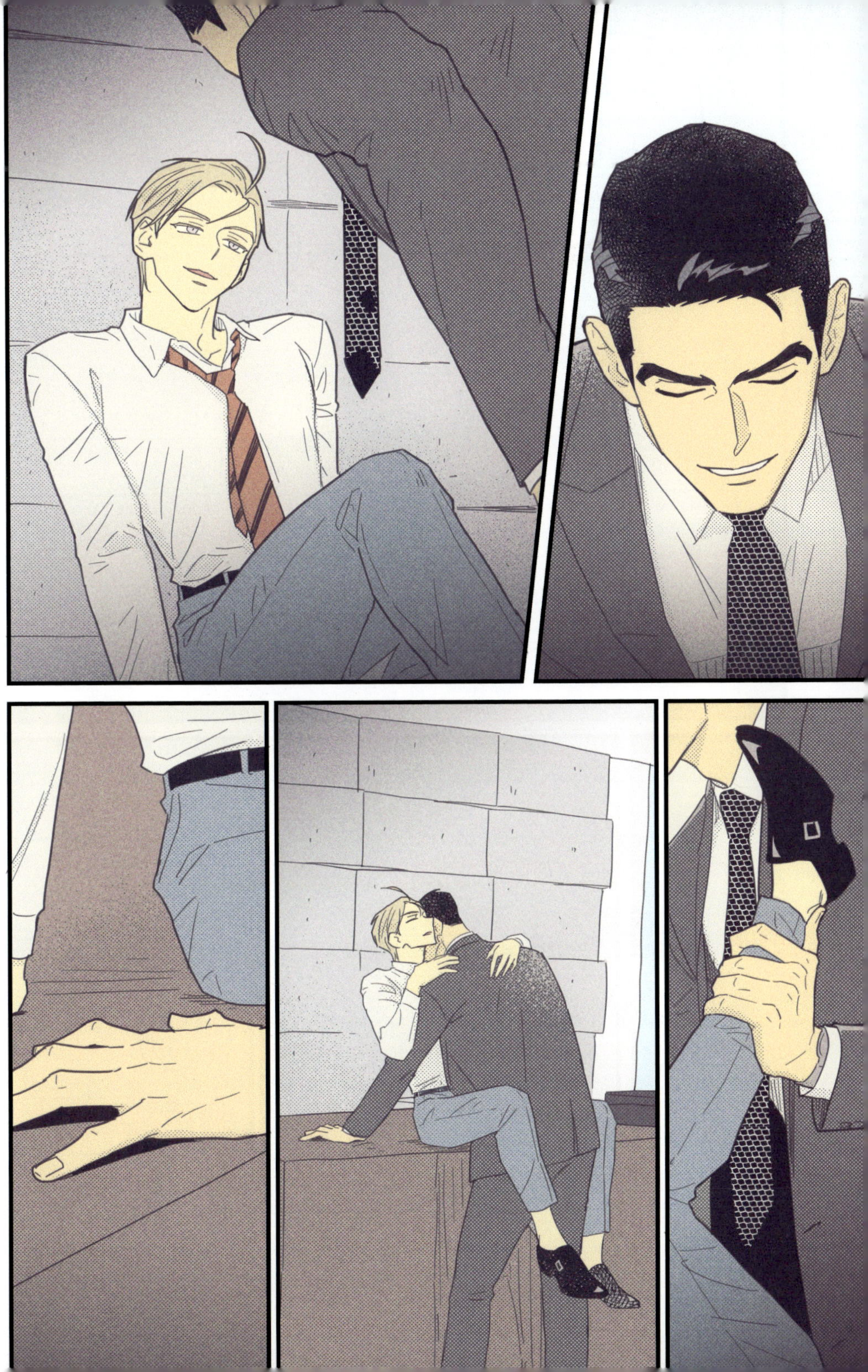

Gefällt Ihnen das?
Ah ...!
Ich darf kein Geräusch machen!

Fsssch
Ich habe mich zwar etwas beruhigt, aber ...
... ich kann nicht glauben, dass ich das wirklich getan habe, nachdem er mich so nett behandelt hat.
Das ist mir echt peinlich.
Das wird nicht noch einmal passieren.
Ich bin doch kein Tier!
Von jetzt an werden wir als gleichgestellte Geschäftspartner zusammenarbeiten.
Genau! Das war das letzte Mal, dass ich irgendwelche komische Fantasien mit Direktor Kang hatte!

Atme tief durch und konzentrier dich wieder auf das Projekt, Yiyoung!
Und nun sollte ich meinen Freunden von dem neuen Büro erzählen!
Unbekümmert
Frau Cha.
Klopf
Klopf

Ja, Herr Direktor.
Was wohl passiert ist?
Hat er Abteilungsleiter Kim eine Verwarnung gegeben?
Oder hat er ihn einfach nur begrüßt?
Nun, also ... Es geht um Team Singco.
Von jetzt an werden sie das Büro dort drüben verwenden. Bereiten Sie bitte alle Möbel und Materialien vor.
Hä?!
Kümmern Sie sich bitte sofort darum, dass es genügend Tische und Stühle im Büro gibt.
Was ist das ...
... für ein plötzlicher Stimmungswandel?!

Es sieht nicht aus, als ob sie sonderlich viel Gepäck hätten. Mit zwei Rollwagen müsste der Umzug problemlos klappen.
Meinen Sie das Team Singco, Herr Direktor?
»... aber ich werde nichts mehr mit der Sache oder diesem Team zu tun haben.«
... hatte er gesagt.
Wirklich dieses?
Wenn Sie noch irgendetwas brauchen, fragen Sie mich einfach.
Was hat ihn dazu gebracht, seine Meinung zu ändern?
Ach ja, die Teammitglieder sind etwas schüchtern, also bereiten Sie bitte ein paar Sna...
Sehr interessant!

Was ist los, Frau Cha? Es sieht so aus, als ob Sie etwas sagen wollen?
Habe ich etwas im Gesicht?
Uwah ... Ich weiß zwar, was ich fragen will, aber sein Gesichtsausdruck sagt mir im Grunde schon, dass ich lieber nichts sagen sollte.
Da ist doch was im Busch!
Nein, es ist nichts.
Damit alles heute noch fertig wird, werde ich mich sofort darum kümmern.
Ich bitte Sie darum.
Der Sache Stück für Stück auf den Grund zu gehen ...
... könnte spaßig werden!
Herr Direktor, der Umzug von Team Singco ist fertig.

Das ging aber schnell!
Waren die Teammit-glieder nicht schüchtern?
Am Anfang schon, doch nach und nach sind sie auf-getaut.
Wie süß.
Würden Sie sie jetzt gerne besuchen?
Gute Arbeit.
Das werde ich später kurz tun.
Warum tut er schon wieder so, als ob es ihn nicht interes-siert?
Vielleicht …
… sollte ich einen neuen Köder aus-werfen?
Ich habe gehört, dass es heute ein Dinner mit der Mar-ketingabteilung und Team Singco ge-ben wird.

Was? Warum so plötzlich?
Ich habe doch gesagt, dass sie nicht so viele Firmenessen abhalten sollen!
Nun, die Präsidentin bedauert …
… dass sie aufgrund ihres Auslandstermins das Team nicht persönlich tref-fen kann …
… und hat stattdessen die Marketingab-teilung gebeten, zur Begrüßung ein Dinner zu organisieren.
Hm … In dem Fall lohnt es sich sogar.
Anweisungen von der Präsidentin sind generell immer wichtige Angele-genheiten.
Die Präsidentin hat vermutlich das Firmenessen vorge-schlagen, damit sich Team Singco und die Marketingabteilung kennenlernen können.
Und …
Superlecker!
Davon könnte ich noch mehr essen!

Wo wird das Essen stattfinden?
In einem Suppenlokal.
Das geht nicht.
Bitte buchen Sie stattdessen ein westliches oder chinesisches Familienrestaurant.
Ein Lokal mit lockerem Ambiente und gutem Essen.
Also ein Restaurant, das gut bei Millennials ankommt?
Genau.
Und ich werde auch mitgehen.
In Ordnung.
Hi hi hi
Zu Ihrer Information, Sie müssen nicht teilnehmen, Frau Cha.
Was?! Ich komme mit!
Nein, es ist in Ord...
Selbstverständlich!
(Sie können mich nicht aufhalten!)
Alles klar, machen Sie das.

Dann bin ich gespannt auf Ihre Auswahl, Frau Cha.
Und ich habe noch eine Bitte an Sie.
Ich bin Haji Moon.
Ich bin die Teamleiterin der Design-abteilung.
Eine Teamleiterin braucht Team-mitglieder.
Deshalb seid ihr meine Team-mitglieder!
Habt ihr verstan-den? Hm?
Entschul-digen Sie die Störung.
Waaaah! Die Cha ist da!
Brauchen Sie noch ir-gendetwas?

Ich sehe, dass Sie Ihre Plätze verteilt haben.
Ja!
Benutzt niemand diesen Tisch? Scheint wohl etwas einschüchternd zu sein.
Sie haben sicher bereits gehört, dass es heute Abend ein Firmenessen gibt?
Schleich
Ja ... Aber wir wollen da nicht hin.
Schleich
Hier findet das Dinner statt.
Natürlich wird die Firma alles bezahlen.
Wow! Und das kostet nichts?
Gehen wir! Oh ja!
Übrigens, der Herr Direktor ...
... wollte Sie etwas fragen.
Haben Sie sich alle Ihre Jobtitel ausgesucht?

Ich bin die Teamleiterin der Design-abteilung!
Ich bin der Abtei-lungsleiter!
Ich die Assistenz-managerin!
Und Yiyoung ist ...!
Ah ...
Hier findet das Dinner statt?
Uwaaah!
Wow! Wir gehen normal immer nur in einen Suppen-laden, was ist plötzlich los?

In so einem Lokal könnten wir täglich ein Firmenessen abhalten!
Rüpel! Das geht auf Kosten der Firma, schätzt das gefälligst!
Ist das ein Problem?
Da da daamm
Immerhin können wir dadurch die Arbeitsmoral unserer Mitarbeiter verbessern.
Da ist ja Direktor Kang!
Er nimmt auch teil?
Urgh
Tolles Ambiente.
Gute Wahl, Frau Cha.

Freut mich, dass es Ihnen gefällt.
Klatter
Da sind Sie ja.
Wir sitzen hier drüben.
Geschäftsführer Ahn.

Hören Sie, diese Anrede ist etwas ...
Murmel
Stehen Sie selbst-bewusster.
Merken Sie nicht, dass alle in Ihre Richtung sehen?

Dodomm

On or Off

Hast du das gehört?
Der Direktor hat ihn Geschäftsführer genannt!
Geschäftsführer!
Er hat Geschäftsführer gesagt.
Geschäftsführer!
Gwipp

Vielen Dank, dass ich hier sein darf.
Absolut gelassen
Direktor Kang.
Nicht ich, sondern die Prä-sidentin hat dies vorgeschlagen.
Sie sagte, ich soll Sie herzlich will-kommen heißen.
So groß sind ihre Er-wartungen.

Da kommen ja Ihre Teammitglieder.
Nun gehen Sie.
Also dann ...
Frau Cha hat sich viele Gedanken über das Lokal gemacht. Essen Sie, so viel Sie wollen.
Ich muss die Marketingabteilung begrüßen.
Tantchen, sitzen Sie bitte bei uns!
Bleiben Sie hier!
Was? Wird er woanders sitzen?
Hm ...
Wow ...
... Sie sind der Geschäftsführer?!
Erinnern Sie sich an mich? Ich bin Assistenzmanager Gadong Hong.
Ich bin Dongsu Park.
Hier, meine Visitenkarte.

Huch? Danke!
Haben die nicht über ihn gelacht, weil er sich herumkommandieren ließ?
Ah, aber ich habe noch keine Visitenkar...
Als ob ich schon welche hätte!
Herr Ahn!
Es geht um unser Meeting. Wie wäre es mit Dienstag um 14 Uhr?
Straahl
Ja! Dienstag um zwei klingt gut!
Ach, stimmt, Sie haben Ihr Büro verlegt, oder?
Könnten wir vielleicht einmal vorbeikommen und es uns ansehen?
Ja! Geht klar!

Die Art, wie ich behandelt werde ...
Wow! Frau Lee! Seit wann sind Sie so gut mit Herrn Ahn befreundet?
... hat sich innerhalb eines Moments komplett verändert.
Verbeug
Verbeug
Gehört das etwa zum Firmenkodex?
Irgendwie ist selbst die Erwachsenenwelt etwas kindisch.
Es wurde lediglich ein Titel hinzugefügt ...
Auch wenn ich nun diesen Titel trage, schaffe ich es nicht, mich selbst so vorzustellen.
Ich habe nicht einmal eine Visitenkarte ...
Wenn Direktor Kang mich nicht Geschäftsführer genannt hätte, dann ...
Ah?!
Bubumm
Nimmt er etwa deswegen an dem Firmenessen teil?
Bubumm

Damit er mich vor allen anderen so nennen kann?
Geschäftsführer Yi-young Ahn.
Stopp! Mein Herz schlägt schon wieder wie verrückt! Reiß dich am Riemen!
Bubumm
Bubumm
Bubumm
Bubumm
Bubumm
Er hat das nicht für mich getan.
Sondern für unser Projekt.
Das weiß ich ja! Und trotzdem hab ich Schmetterlinge im Bauch!
Ich muss mich zusammenreißen.
Mich beruhigen und ...!
Herr Ahn, bitte lassen Sie mich Ihnen etwas einschenken.
Mich auch.

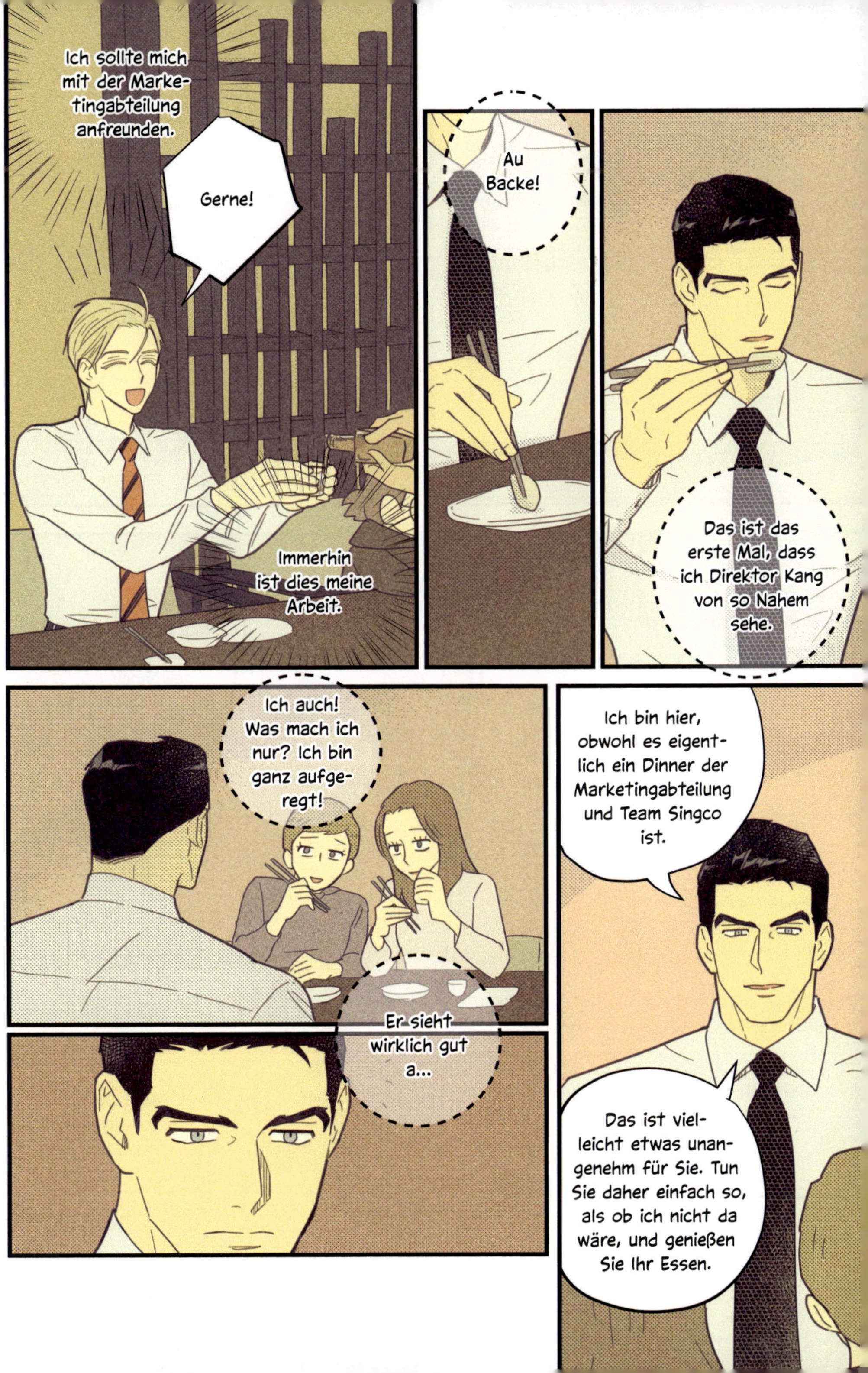
Ich sollte mich mit der Marketingabteilung anfreunden.
Gerne!
Immerhin ist dies meine Arbeit.
Au Backe!
Das ist das erste Mal, dass ich Direktor Kang von so Nahem sehe.
Ich auch! Was mach ich nur? Ich bin ganz aufgeregt!
Er sieht wirklich gut a...
Ich bin hier, obwohl es eigentlich ein Dinner der Marketingabteilung und Team Singco ist.
Das ist vielleicht etwas unangenehm für Sie. Tun Sie daher einfach so, als ob ich nicht da wäre, und genießen Sie Ihr Essen.

Wie soll das gehen?
So einen gut aussehenden Direktor kann man nicht ignorieren!
Ach was. Wir freuen uns, dass Sie hergekommen sind, Herr Direktor.
Aber ist das nicht zu viel verlangt?
Schwupp
Es ist schon beeindruckend, wie gutaussehend und talentiert Sie sind!
Ich kann es nicht glauben, dass Sie dazu noch gutmütig sind und sich um solch niedere Personen wie uns kümmern!
Es ist mir eine Ehre, mit Ihnen hier zu sein!
Was ist denn mit dem los?
Hat er uns gerade gedisst?
Echt peinlich.
Bitte lassen Sie mich Ihnen etwas einschenken.
Ach, wirklich? Ha ha ...!
Ich werde mich nie an diese Atmosphäre gewöhnen.
Hey! Du Klotz! Du solltest wissen, wo dein Platz ist!

Herr Direktor, lassen Sie mich Ihnen einsch...
Eiskalt
Ich muss noch fahren, also verzichte ich auf Al-kohol.
Schaut mal, der Abteilungs-leiter.
Er hat total Angst neben dem Direktor.
Verständlich, nach der Stand-pauke heute.
Ha ha ha ha
Was? Ab-teilungsleiter Kim hat Ärger bekommen?
Von Direktor Kang?
Oh? Haben Sie das nicht gewusst?

Am Vormittag ist er mit einer Box Kopierpapier in einer Hand und einem Kaffee in der anderen Hand in das Büro von Abteilungsleiter Kim gegangen.
»Wollen Sie mich heute zur Weißglut treiben?!«
... hat er gesagt und dann hörte man nur noch wütendes Geschimpfe aus dem Büro.
Das war doch nicht etwa ... wegen mir?
Ja, doch!
Abteilungsleiter Kim hat es wirklich zu weit mit Ihnen getrieben!
Wir haben es nicht gewagt, ihm das zu sagen, weil er ja unser Vorgesetzter ist, aber ....
Was für Idioten! Ihr habt ihn ...
... doch auch Schwächling genannt.
Zum Glück hat Direktor Kang sich darum gekümmert!
Das zu sehen tat gut!

Ah, ein Essstäbchen ist runterge-fallen!
Haben sie gesagt, es war wegen mir? Jetzt echt?
Für mich? Hi hi hi!
Für mich!!
Direktor Kang, jetzt seien Sie mal ehrlich.
Sie mögen mich doch, oder?
Genau so! OMGOMG!
Nein ... Ich muss mich zusam-menreißen.
Das war garantiert nur für unser Projekt, nicht für mich.
Nicht für m...
Was rede ich denn da! Wegen mir hat der Abteilungs-leiter eine Stand-pauke bekommen!
Waaaaah! Ich dreh noch durch! Wie verdammt sexy!

Natürlich weiß ich, dass er das nur gemacht hat, weil er nicht zusehen kann, wie ein Projekt, das er selbst ausgewählt hat und fördert, einfach ignoriert wird.
Das war garantiert nur Teil der internen Firmenpolitik.
Aber was auch immer der Grund sein mag …
… es ändert nichts daran, dass DER Direktor Kang mich verteidigt hat, oder?
Ich fühle mich heute super!
Leute!
Stoßen wir an!
Lasst uns trinken!
Ja!
Prooost!
Klakling

Ha ha ha ha
Ha
ha
...

Herr Ahn, kennen Sie den schon?
Warum springen Frösche bei Regen ins Wasser?
Ich habe keine Ahnung. Warum?
Weil sie nicht nass werden wollen!
Bwa ha ha ha
Hi hi hi
Herr Kim, ist das etwa witzig?
Waah! Nein!
Ernst-haft?

Hach
Wow! Der ist echt clever!
Ist der von Ihnen, Herr Hong? Wirklich witzig!
?!
Was? Ist er betrunken? Nein, selbst wenn er etwas beschwipst wäre, wie kann er davon beeindruckt sein?
Ist das witzig? Wirklich? Mag die Jugend heutzutage solche Witze?
Nein, eine Sekunde. Das ist jetzt nicht wichtig.
Sondern eher, dass die Stimmung dank seines Lachens nicht schlechter wurde ...
Ich habe mir das nicht ausgedacht.
Ich werde Ihnen beim Meeting am Dienstag noch ein paar erzählen!
Selbst wenn es etwas erbärmlich ist, hat man viel mehr davon, wenn man bei solchen Witzen mitspielt.
Alle sind hier, um Kontakte zu knüpfen, also verhält er sich genau richtig.

Er nutzt das Firmenessen wesentlich effektiver als ich.
Todernste Stimmung
Zwischen Leber und Milz ist noch Platz für ein Glas Pils! ♪
Klapp
Klapp
Klapp
Klapp
Vom ganzen Klatschen tun uns die Schultern weh!
Du liebes bisschen, das ist echt witzig!
Ist das ein Trinklied von heute?
Was haben Sie denn früher gesungen, Frau Lee?
Das ist doch uralt ...

Was war es noch mal?
Ich kann mich nicht mehr erinnern. Ich glaube, es war *Ah, du armes Mädel*, oder?
Hä? Was ist das?
Habe ich es falsch abgespeichert? Ging das nicht so?
»Wer nicht singen kann, findet nie 'nen Mann. Ah, du armes Mädel!«
Nun, aber das singt man, um jemanden zum Singen und nicht zum Trinken aufzufordern!
Ach so? In dem Fall nennen wir das Singlied und nicht Trinklied!
Herr Ahn, lassen Sie uns Ihr Stimmchen hören!
Dann machen wir das doch einfach!

Und eins!
Herr Ahn sieht etwas verlegen aus. Ob das eine gute Idee ist?
Und zwei!
Und eins, zwei, drei!
Los!
Über die Brücke ...
Haaah
... wo Sternenlicht schwebt. ♪

Vorbei an dem Schilfwald, wo der Wind weht. ♪
Immer …
… immer wartest du …
… auf mich …
… in deinem …
… Apartment! ♪
Wie ist das möglich …

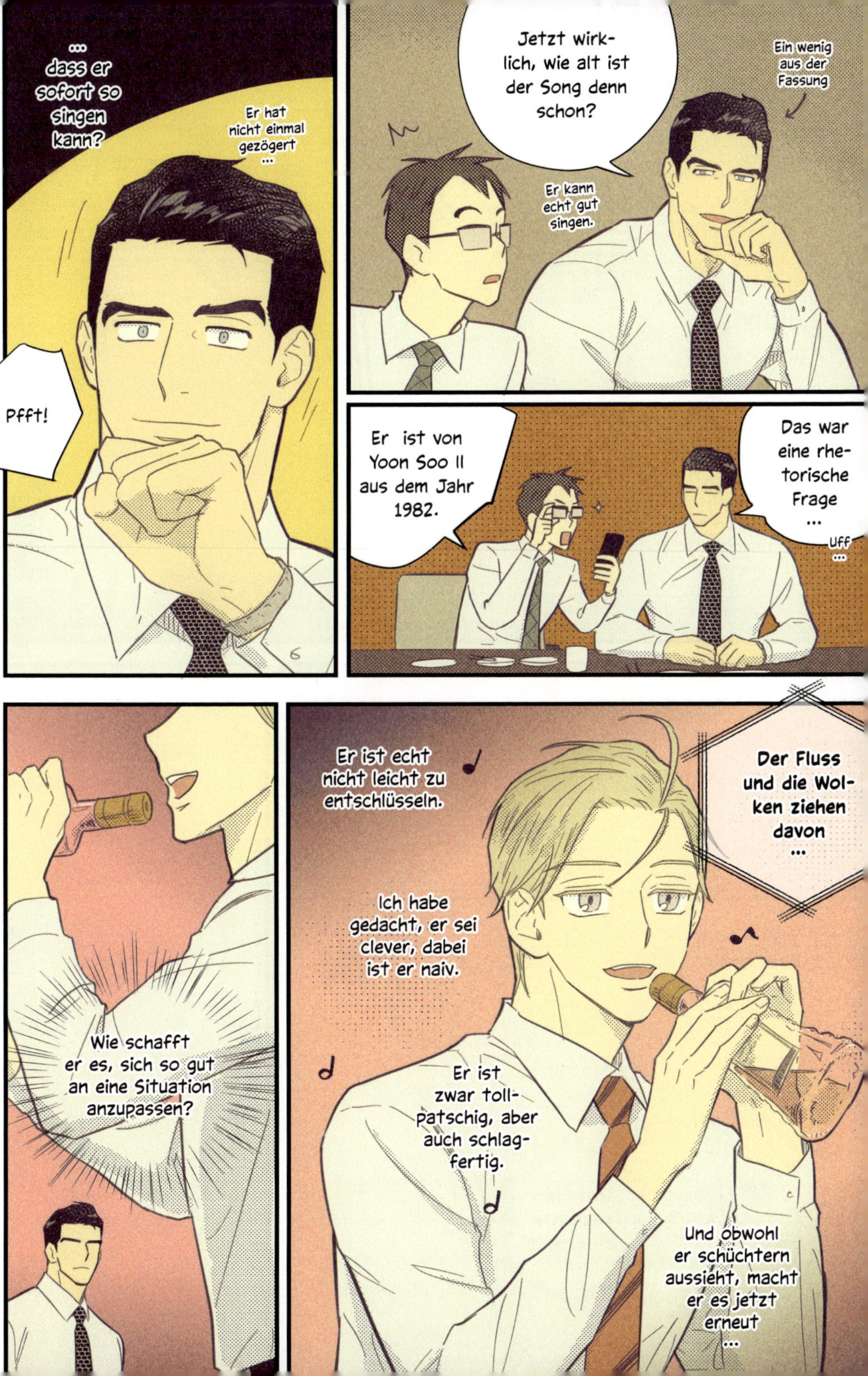
... dass er sofort so singen kann?
Er hat nicht einmal gezögert ...
Pfft!
Jetzt wirklich, wie alt ist der Song denn schon?
Er kann echt gut singen.
Ein wenig aus der Fassung
Er ist von Yoon Soo Il aus dem Jahr 1982.
Das war eine rhetorische Frage ...
Uff ...
Wie schafft er es, sich so gut an eine Situation anzupassen?
Er ist echt nicht leicht zu entschlüsseln.
Ich habe gedacht, er sei clever, dabei ist er naiv.
Er ist zwar tollpatschig, aber auch schlagfertig.
Der Fluss und die Wolken ziehen davon ...
Und obwohl er schüchtern aussieht, macht er es jetzt erneut ...

... und ich mit ihnen.
Ich kann dich ...
... nicht vergessen.
Vielleicht ist er einfach ein geborener Businessman.
Das macht ihn ziemlich interessant.
Schaut Direktor Kang etwa zu mir?
Hah! 'türlich, Direktor Kang is' immerhin auf meiner Seite!
Betrunken
Trotzdem besuchte ich erneut ...
... dein einsames Apartment. ♪
Dangge schöööön!

Bravo! Eine Runde Applaus, bitte!
Schwupp
Platsch
Klirr
Uwaahh!!
D... Das tut mir schrecklich leid, Herr Direktor!
Ach was, halb so w...
Was soll ich nur tun?
Lassen Sie mich das weg-wischen!
Dodomm

Wow! Sie haben ein Tattoo, Herr Direk-tor!
Was ist es für ein Motiv?
So was sagt man doch nicht laut!
Hey, spinnst du?
Hngh!
Ah, ja. Ich habe ein Tattoo.
Sie können ruhig darüber reden. Es ist kein großes Geheimnis ...
Wollen Sie es sehen?
Ssst

Was? Ein Tattoo?!
Wo hat er das?!
Schwusch
Wooow!
Ich auch!
Ich will es auch sehen!
Waas?
Oooh!
Hä?
Wegen der ganzen Leute kann ich nichts sehen!
Er hat ernsthaft ein Tattoo? Aber ich habe nichts dergleichen bemerkt!
Ich, der ihn komplett nackt gesehen hat und XXX mit ihm hatte!

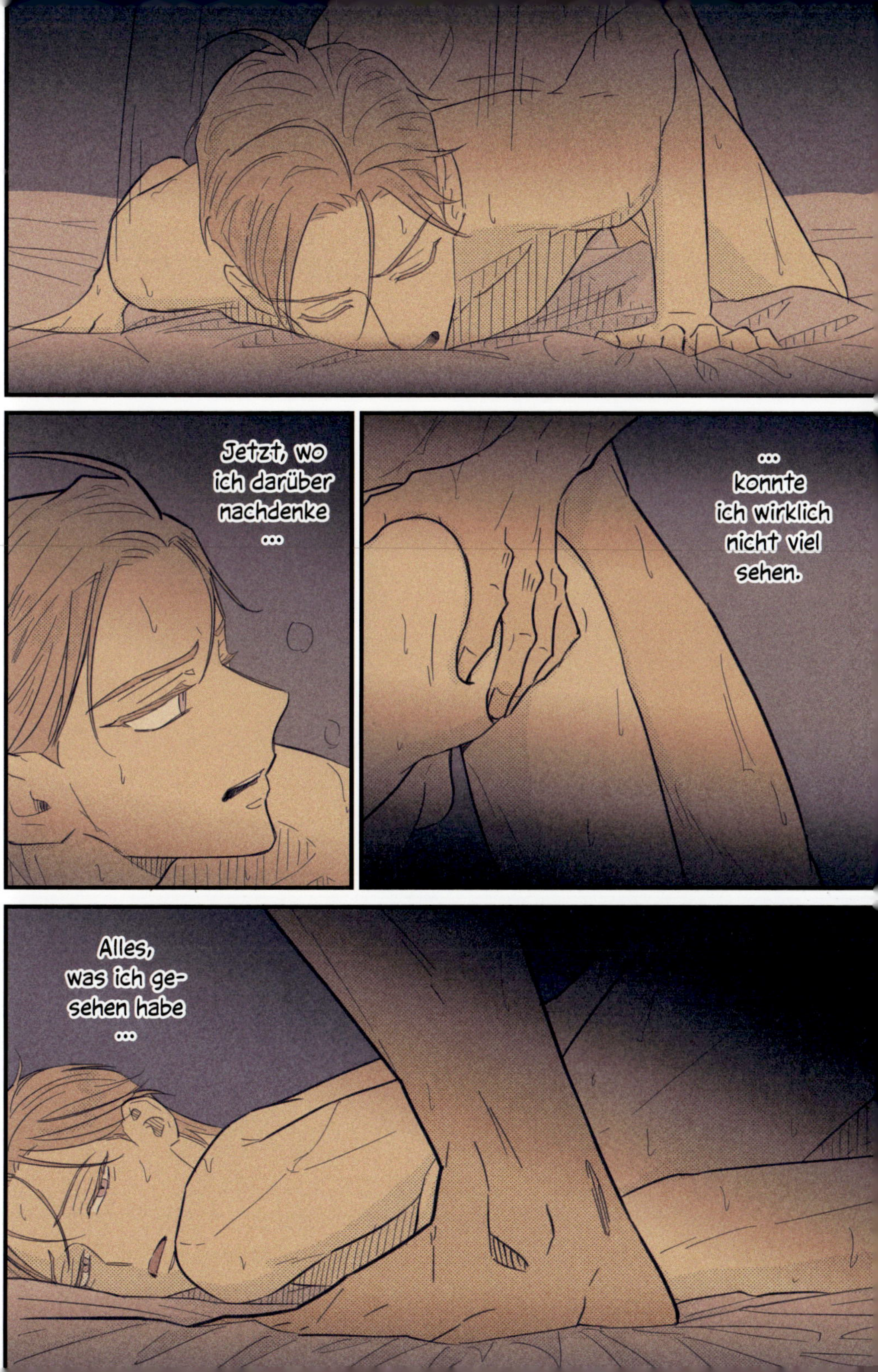
Jetzt, wo ich darüber nachdenke …
… konnte ich wirklich nicht viel sehen.
Alles, was ich gesehen habe …

... war das ...
... und das ...

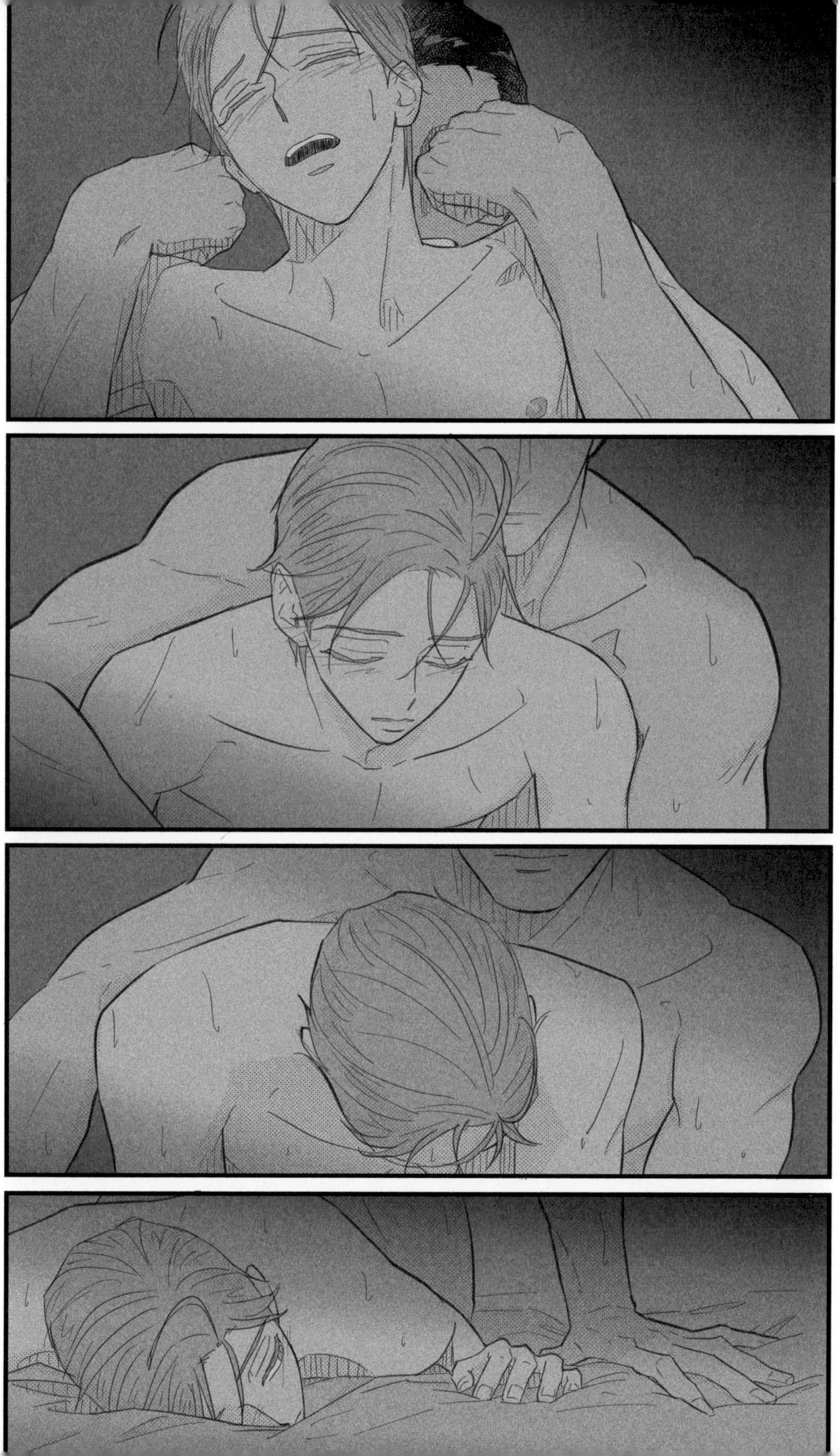

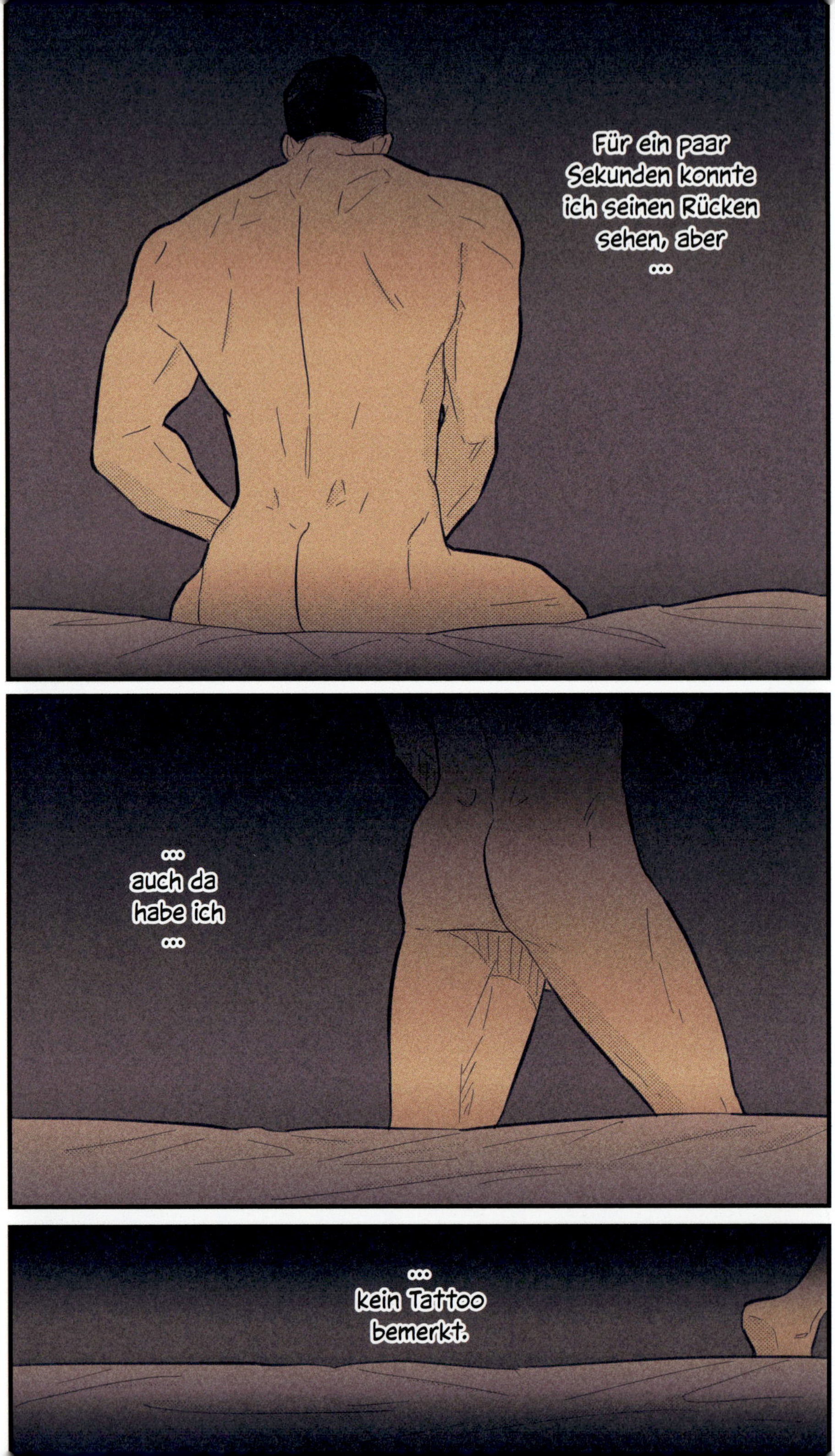
Für ein paar Sekunden konnte ich seinen Rücken sehen, aber …
… auch da habe ich …
… kein Tattoo bemerkt.

Uff!
Endlich! Ich konnte mich durch-zwängen!
Wenn es jetzt alle ge-sehen haben …
… werde ich mich nun kurz frisch machen gehen.
Ah …?
Ich …
Ich …
Hast du es gesehen? Ja oder nein?
Es ist total cool!
Ich sollte mir auch eins stechen lassen.
Ich habe es nicht gesehen …

Damals hat er es extra so gemacht, dass ich sein Gesicht nicht sehen konnte ...
... aber jetzt zeigt er plötzlich allen sein Tattoo?
Das hätte ich nie von ihm erwartet!
Hach, Direk-tor Kang! Wie können Sie mir nur so etwas antun?
Gluck Gluck
Die zweite Runde ist Karaoke!
Los geht's!
Ich werde Ihr Auto sofort holen, warten Sie bitte einen Moment.
Alles klar.
Direktor Kang.
?

'ch muss Ihnen was saaagn.
Er ist eindeutig betrun-ken.
Warum hat er so tief ins Glas geschaut?
Ja, was denn?
Wupp
Vielln Dangg für alles, was Sie heut' für mich getan haaamm.
Sie hamm mir auch 'n Büro ge-gebn und …
Ach, keine Ursache.
…
Stille
Aaaber!!
?!

Ich habb gehört, dass Abteilungsleiter Kim geheult hat, weil Sie mit ihm geschimbft hamm?
Hä?
Der letzte Wille is' doch ...
Welcher letzte Wille? Ist er krank?
Auch wenner Ihr Untergeordneter is' ...
... sollte man so nich' mit älteren Menschen umgehen, nich'?
... dass die älteren Menschen an erster Stelle sein solln.
Grins
Jetzt hat er sogar solche Witze aufgeschnappt.
Uff ...
Dopp

Ich bin zwei Jahre älter als Herr Kim.
Ist alles in Ordnung, Herr Ahn?
Herr Ahn?
Herr Yiyoung Ahn?
Er weiß nicht mal, wie viel er verträgt ...
Schüttel
Wach auf, du Schluck-specht!

Herr Ahn, da sind Sie ja!
Verzeihen Sie, Herr Direktor.
Herr Ahn! Sie müssen mit zum Karaoke kommen!
Unser Goldkehlchen!
Wow! Herr Ahn, Ihre Taille ist wirklich schmal!
Da muss man aufpassen, nichts kaputt zu machen!

Oh? Sie riechen ja gut!
Was für ein Mann duftet denn so?
Echt? Wo?
Schnüffel
Schnüff
Wow, du hast recht!
Riecht wie Vanille, oder?
Sieht wie Duftpuder aus, oder?
So betrunken, wie er ist, kann er doch nicht mit zur zweiten Runde kommen.
Er sollte besser nach Hause gehen.

Wäre es nicht besser, wenn er beim Karaoke schläft, bis er wieder fit ist?
Bitte? Wie soll er das alleine schaffen?
Machen Sie sich keine Sorgen.
Ich werde ihn nach Hause fahren.

Graaaahh!!
Dompf
Dompf
Dompf
Dompf
Warum erscheint immer »Schlecht«, obwohl ich richtig drauftrete?!
Ist der Sensor vielleicht kaputt?!
Hi hi hi
Warum ist sie so gut?
Ist das eigentlich okay, dass wir ohne Yiyoung weitergezogen sind?
Es sah so aus, als ob er ziemlich viel getrunken hat ...
Hechz
Hechz
Hä? Machst du dir gerade Sorgen um ihn bei der Feier?
Ein Haufen Introvertierte, die sich um den Extrovertierten der Gruppe sorgen, obwohl wir nach dem Essen die Biege gemacht haben?
Du bist echt erwachsen geworden!
Poff
Poff
Die anderen kümmern sich bestimmt um ihn. Sie würden ihn schon nicht auf der Straße liegen lassen, oder?
Alle waren total nervös, weil sie sich mit ihm anfreunden wollten.

Geradezu verzweifelt ist jedoch derjenige, der sich jetzt um ihn kümmert.
Ich habe zwar gesagt, dass ich Sie nach Hause fahre …
… aber das kann ich nur machen, wenn Sie mir Ihre Adresse sagen …
Vielln Daan…
Ah, sind Sie wach?

Ich kann nich' mehr essn. Hä hä …
…
Ich schätze ich muss eine Spazierfahrt machen.
Zumindest bis Sie aufwachen.
Wenn Sie wieder klar im Kopf sind, melden Sie sich bitte.
Verstanden?

Warum sitzen Sie so weit weg?
Haben Sie etwa Angst vor mir?

Oder ...
... haben Sie Angst, dass wir erwischt werden?
Dass Ihre Gefühle für mich entdeckt werden, Daehyung?
Als ob!
Als ob ich so was tun würde.
Auch wenn das nur ein Traum ist ... Ha ha ha ...
Mnnwah
Hi hi

Egal! Es ist aufregend, also werde ich noch weiter träumen.
Wissen Sie ...
... ich konnte es nicht mal sehen.
Ihr Tattoo, Herr Direktor.
Da ist es ...!
Nebelig
Was zur ...! Selbst in meinem Traum kann ich es nicht sehen?!

Hnng ... Ung ...
Wupp
Übergibt er sich etwa?
Ich bin wirklich ent-täuscht, Direk-tor Kang!
Das können Sie mir nicht antun.
Denken Sie darüber nach, was Sie mit mir gemacht haben.
An jenem Tag ...
... haben Sie meine Schwäche ausgenutzt und mich benutzt.
Das hat mich ziemlich verletzt.

Oh?
Das ist ziemlich rea-listisch?
Ich habe das Gefühl, das könnte ich auch in echt sagen?
Sie haben doch gesagt, dass Sie wissen, dass ich Ihnen nicht vergeben kann, was Sie mir an jenem Tag angetan haben.
Oh wow! Sieh mal an, wie gut ich reden kann!
Aber Sie wollen doch, dass ich Ihnen verzeihe, oder?
Dann lassen Sie es uns dieses Mal als Gleichge-stellte ...
Wow!

... richtig treiben.
Vielleicht werde ich Ihnen dann verzeihen?
Wow!!
Ich weiß ganz genau, was Sie vorhaben, Herr Ahn.
Es gibt kein deutlicheres Signal als das hier.
Wo bin ich? Wessen Auto ist das?
?!

FDGGSHJF! Warum ist meine Hand dort? DFGFSWQGF!
Ah, weil ich betrunken war, hat der Direktor mich wohl mitgenommen!
Aaah! Was mach ich nur?!
Okay, tu einfach weiter so, als ob du betrunken wärst! Spiel betrunken! Stell dich schlafend!
Mmnnwah
Ich wusste, dass sich der Traum zu echt anfühlte! Argh!
Ich werde mich etwas drehen und meine Hand von do...
Sssssp
Hä?
Was?

Er wird langsam ...
... größer?
Nun, das ist auch für mich ...
... ein ziemlich verführerisches Angebot.
Es ist so leise hier drin ...
... dass er es bestimmt gehört hat.
Das Geräusch, wie ich geschluckt habe.
Schluck

Ein verführe-risches …
… Angebot?
Heißt das, es könnte vielleicht …
… mit mir und Direktor Kang klappen?
Aber …
… ich glaube Sie haben das nur getan, weil Sie …
… betrunken sind. Des-wegen …
Gwit

... werde ich so tun, als ob nichts passiert wäre.
Ehrlich gesagt ...
... bin ich überhaupt nicht betrunken.
Meinen Sie etwa, dass Sie das gerade bei klarem Bewusstsein getan haben?
Ja, ich bin vollkommen nüchtern!
Ich mag vielleicht so aussehen ...
... aber ich bin wirklich nicht betrunken. Nicht ein bisschen.
...?

Wenn das so ist ...
Quieetsch
Ruck
Steigen Sie bitte aus.
?!

Kommen Sie her.
Folgen Sie dieser Linie ...
... von hier ...
... bis hier.
Sehen Sie die Kante des Bürgersteigs?
Laufen Sie genau geradeaus.
Ich beurteile, ob Sie nüchtern sind oder nicht.

Ha, also wirklich …!
Glaubt er etwa …
… dass ich das nicht schaffe?!
Okay? Wenn ich es schaffe, bis dorthin zu laufen, werde ich mit diesem Mann schlafen können?
Strecken Sie Ihre Arme so aus.
Das ist total …
… einfach!
Hä?
Wackel

Bitte was? Warum wackelt der Boden?
Ach, das kann nicht sein ... Schau in sein Gesicht.
Ich darf so eine Gelegenheit nicht verstreichen lassen!
Ich werde es definitiv schaffen.
Konzentrier dich! Konzentration!
Höchste Konzentration!
Starr
Ein falscher Schritt und ich werde sterben.

Ich meine es wirklich ernst gerade.
Ein Berg ist nur ein Berg.
Wasser ist nur Wasser.
Taumel
Taumel
Fssssch

Der Wind ist aber er-frischend ...
Oh ...?
Was mache ... ich ...
Was mache ich gerade?!
!€@#$%^&!!
Das! Tu ich jetzt wirklich alles, was er mir sagt?
Versuche ich gerade mit aller Kraft, auf einer Linie zu laufen?!

Ach ... Sch...!
Ah, wie peinlich! Ich sollte ...
... erst mal meine Arme runterneh-men.
Wie kann ich diese Situation retten?
Ich meine ...
Er macht sich über mich lustig, weil ich betrunken bin!
Dieses Mal werde ich auf jeden Fall etwas sagen!
»Hören Sie, Direktor Kang.«
»Finden Sie das witzig?«
Ich habe auch meinen Stolz!
Genau so!
Und dieses Mal werde ich nicht wieder schwach wer-den!

Hören Sie, Direk...!
?!
!
Gwapp

In Ordnung, lassen Sie es uns tun.
Sofern Sie sich nicht mittlerweile umentschieden haben.

On or Off

On or Off

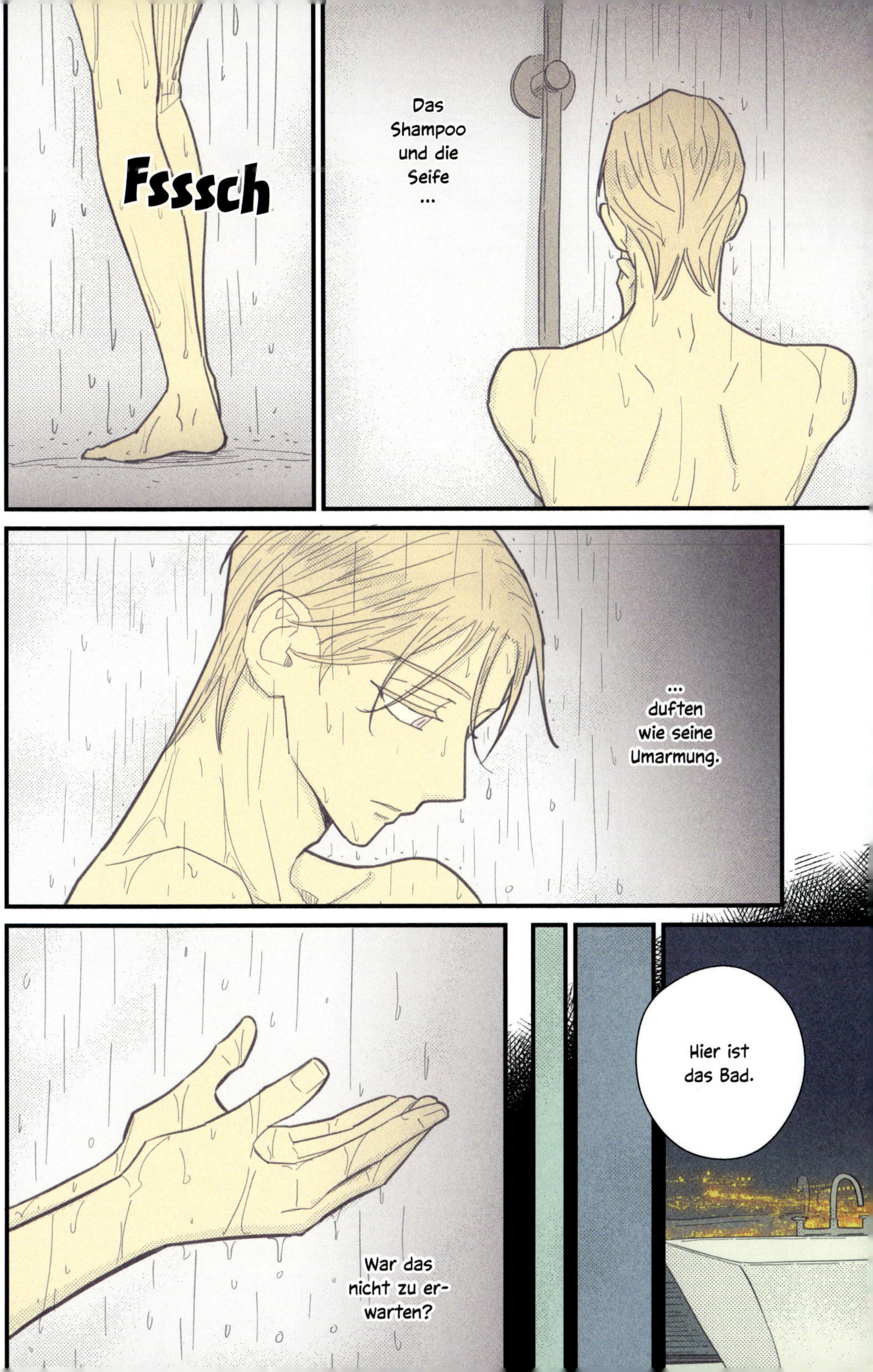
Fssssch
Das Shampoo und die Seife ...
... duften wie seine Umarmung.
War das nicht zu er-warten?
Hier ist das Bad.

Nehmen Sie sich Zeit.
Ich werde ein anderes Bad benutzen.
Es ist immerhin sein Zuhause.
Rufen Sie mich, sobald Sie fertig sind. Ich werde unten sein.
Ich habe gedacht, dass wir so wie letztes Mal in ein Hotel gehen.
Es fühlt sich immer noch nicht real an, aber ...
... warum zittern meine Hände?

Werden wir es wirklich miteinander tun?
Gwipp
Sei nicht nervös.
Es ist ja nicht das erste Mal.
You're doing way too much playback.
Hm?
Was? Direktor Kang ...

... arbeitet er etwa?
Will er mir sagen, dass ich mich dort hinsetzen soll?
I'll tell you what.
Seine Aussprache ist wie ein Muttersprachler.
»Ich werde Ihnen ein paar Daten dazu schicken und dann können Sie es selbst anschauen und entscheiden.«
»Das ist der einzige Vorschlag, den ich für Sie habe.«

Er schickt tatsächlich sofort die E-Mail.
Fühlt sich ein bisschen an …
… wie beim TOEIC-Hörverständnistest …
… oder eher, als müsste ich das Gefühl eines »unerwünschten Außenstehenden« beschreiben.
Verlegen
Ich glaube, er interessiert sich gar nicht für mich.
Ich meine, er ist noch komplett angezogen und arbeitet …
Ich bin fertig.
Zamm
Bevor wir anfangen …
… lassen Sie mich ein paar Dinge klarstellen.

Ich habe normalerweise nicht solche Beziehungen mit Arbeitskollegen.
Aber ich habe mich entschlossen, dieses Mal eine Ausnahme zu machen, um jegliche schlechte Erinnerungen vom letzten Mal wiedergutzumachen.
Ich meine damit: Das heute ist eine einmalige Sache.
Kurz gesagt meint er ...
... ein One-Night-Stand.
Warum drückt er das so geschäftsmäßig aus?
Ich möchte sichergehen, dass Sie ...
... diese Sache nach heute nicht noch einmal ansprechen oder nach mehr fragen.
Ist das in Ordnung für Sie?

Bin ich hier, um Sex zu haben, oder um ein Bewerbungsgespräch zu führen?
Ja ...
Stimmen Sie zu?
Bitten antworten Sie deutlich.
Ah, warum ist er so pingelig!
Warum schreibt er nicht gleich einen Vertrag?
Jaa. Jaa. Ich stimme zu.
Also wirklich ...
Sehr schön. Dann der nächste Punkt.
Mögen Sie harten Sex?
Bitte ...?
Ich möchte das genau wissen.
Das letzte Mal ...

... war ich ziemlich grob, aber Ihrer Reaktion entsprechend war das ...
Nein! Das war es nicht!
Ich w... war nicht ...
Wie kann er über so etwas wie ein Geschäftsmann reden?
Ich glaube, das letzte Mal habe ich es nur gemocht, weil er es so gut gemacht hat ...
Nein ... mag ich es vielleicht härter?
Al... da... ic...
Wenn Sie harten Sex nicht mögen ...
... wie ist es dann mit Küssen?
Kü... Küssen ... Warum ...?
Gibt es bei Ihnen eine Regel, dass man sich bei einem One-Night-Stand nicht küssen darf?
S... So eine Regel ...
Eine Sekunde! Fragt er etwa, weil er es nicht mag?
Wenn das der Fall ist und ich aber sage, dass ich es mag, würde das vielleicht bedeuten, dass ich nicht einmal die Stimmung richtig erfassen kann?
Wah ... Das will ich nicht, aber ...

Aber i... ich ...

Scheint, als ob Küsse in Ordnung seien.

Sssp
Ah!
Zeigen Sie mir bitte auch Ihr Tattoo!
Mein Tattoo?

Hier.
Es ist eine Schlange.
Nur das Tattoo?
Wie sexy ...

Küss
Küss
Zuck
Hngh ...
Sie sind ziemlich empfind-lich hier.
Da ... Ah ...!
Tapp
Tapp

Sie haben mich so ge-macht!
Aber das kann ich ihm nicht sagen.
Aaah ...
Swp
Ja, das fühlt sich gut an.
Haah
Slp
Slk
Aah ...
Hngh ...
Ah ...

Haaah
Argh!
Warten Sie! Eine Sekunde!
Ich werde mich besser auf den Bauch legen.
Was?
Warum?

Wahrscheinlich wird Ihnen die Lust vergehen ... wenn Sie meinen ....
Ich habe gedacht, Sie würden das nicht mögen.
...
Ist das wegen dem, was ich das letzte Mal gesagt habe?
Es ist auch nicht gut für mich, wenn Sie nicht in Stimmung sind, deswegen sollten wir es einfach so machen, wie es für uns beide angenehm ...
Nun ja ...
Ach je ...
... ich habe Sie damals wohl ziemlich verletzt.

Ich werde es dieses Mal wiedergut-machen.
Fwupp
Zwapp
?!
?!?! Ah, w... warten Sie eine Se...!

Direktor Kang ...
... ist doch ...
Slllt
Zitter
... hetero, oder?
Zitter
Aaah ...

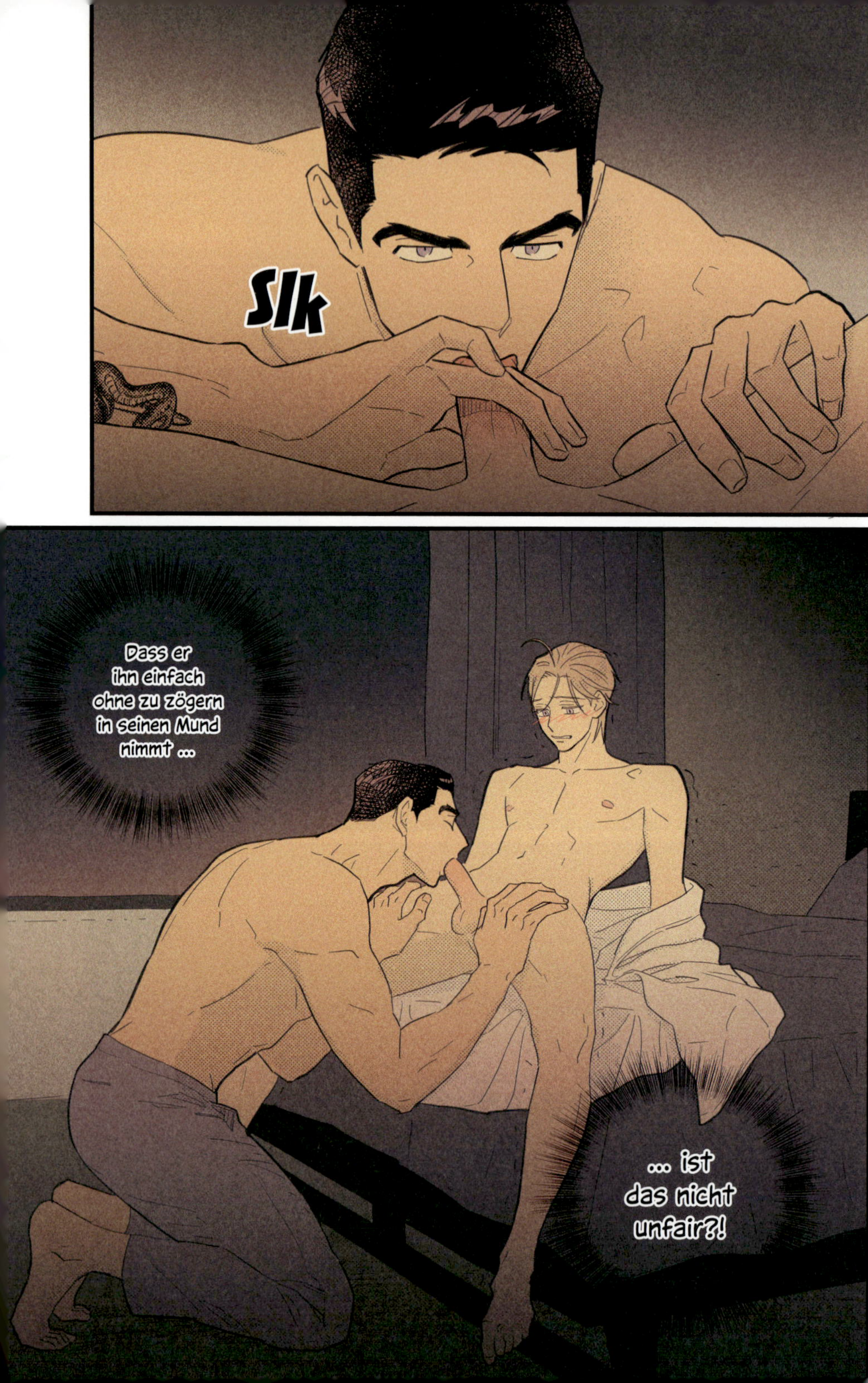
Slk
Dass er ihn einfach ohne zu zögern in seinen Mund nimmt ...
... ist das nicht unfair?!

Ahh ...
Aaah!
Er ist etwas unbeholfen, oder einfach nur ungeübt?
Er macht es viel zu stark.
Hören Sie, ah ... es ist zu ... etwas ...
Es tut weh.
... sa... sanf... saan...
Ah! Was für ein Anblick!

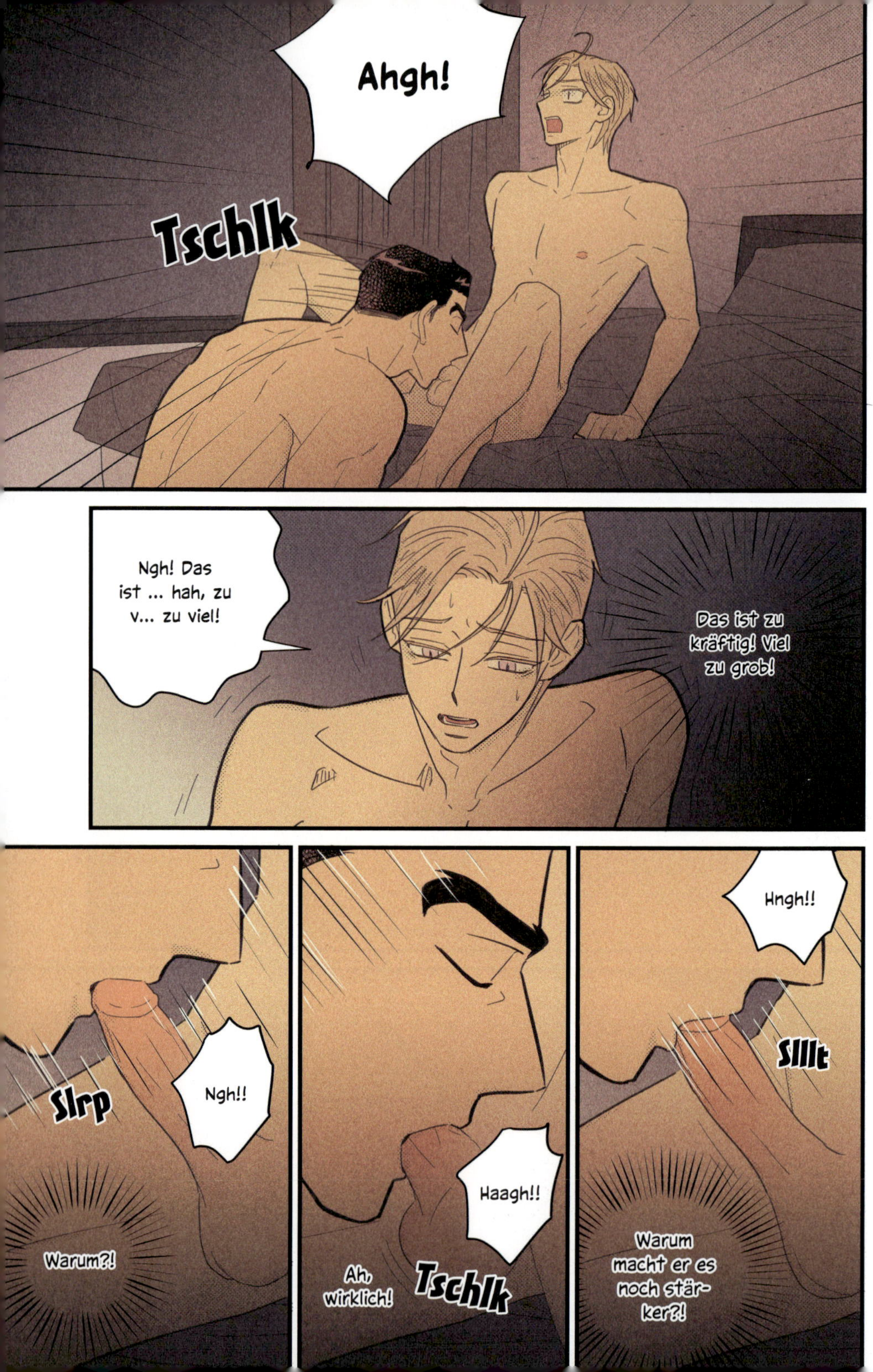
Ahgh!
Tschlk
Ngh! Das ist ... hah, zu v... zu viel!
Das ist zu kräftig! Viel zu grob!
Slrp
Ngh!!
Warum?!
Haagh!!
Ah, wirklich!
Tschlk
Hngh!!
Slllt
Warum macht er es noch stär-ker?!

Er saugt es noch aus mir raus!
Ich glaube ... Ich, ah! Ich ...
A... Aufhö-ren!
Hä? Hat er mich nicht gehört?! Ich habe gesagt, er soll es lassen!
Hngh ...
Slp
Slp
Slk
Slk
Slk
Warum fühlt es sich plötzlich so viel besser an?
Jetzt verwen-det er sogar seine Hände?!
Schluss! Ngh! A... Aufhören!
Dapp
Argh, stopp!
Dapp

Ah, ernst-haft!
Ich …
… komme!
Bwatz
Dopp
Splt

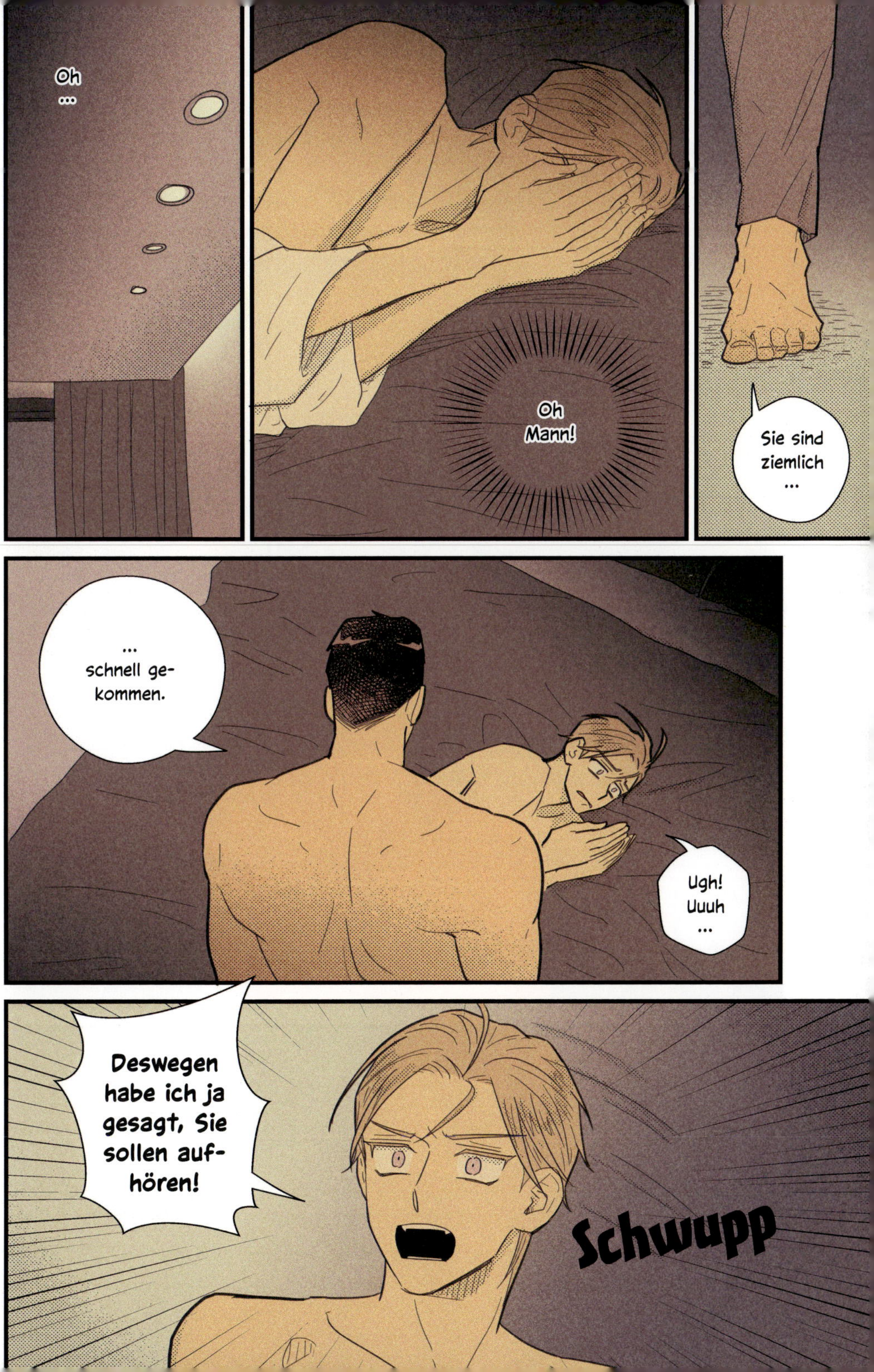
Oh
...
Oh Mann!
Sie sind ziemlich
...
...
schnell gekommen.
Ugh! Uuuh
...
Deswegen habe ich ja gesagt, Sie sollen aufhören!
Schwupp

Hat es Ihnen so gefallen?
Mein …
… Sperma … ist auf Direktor Kangs Gesicht.
Was für ein …
… unerwarteter Anblick!
Sie haben …
… es in Ihrem Ge-sicht.

Machen Sie mich bitte mit Ihrer Zunge sauber.
Wie bitte?
Lecken Sie es ab.
Was? Äh ... Ähm, wenn ich das mache, sch... schlucke ich doch m... mein ...
Mein Auge ...
... brennt.
Ver...

Ver-
rückt!
Slk
Sllp
Diesem Gesicht kann ich ...
... keine Bitte aus-schlagen.
Ah!
Was ist los?
Ugh ...
Das fühlt sich etwas ko-misch an, das zu schlucken ...

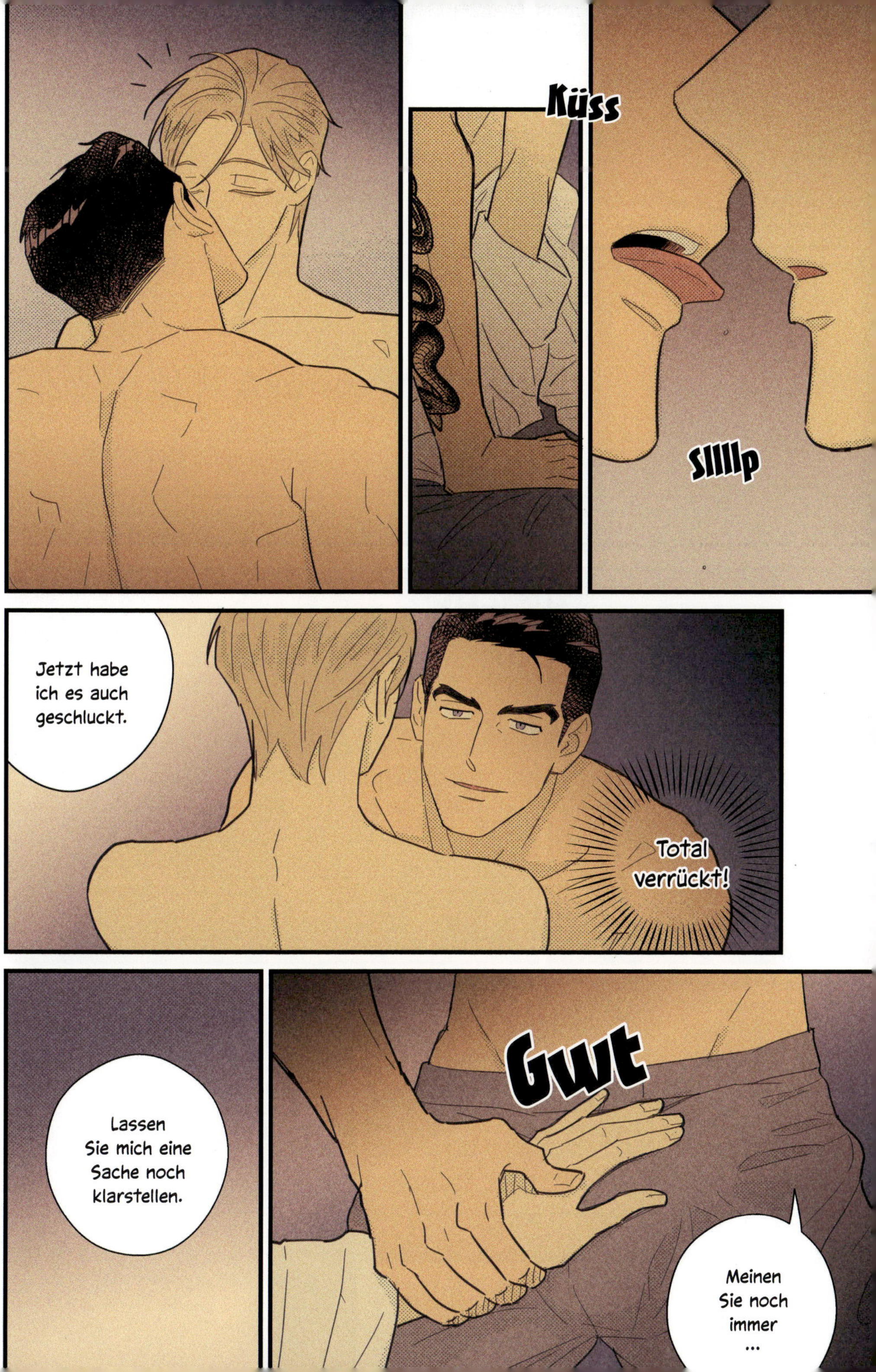
Küss
Sllllp
Jetzt habe ich es auch geschluckt.
Total verrückt!
Gwt
Lassen Sie mich eine Sache noch klarstellen.
Meinen Sie noch immer ...

... dass ich nicht in Stimmung bin?
!!!
Zuck
Ich ... ich ...

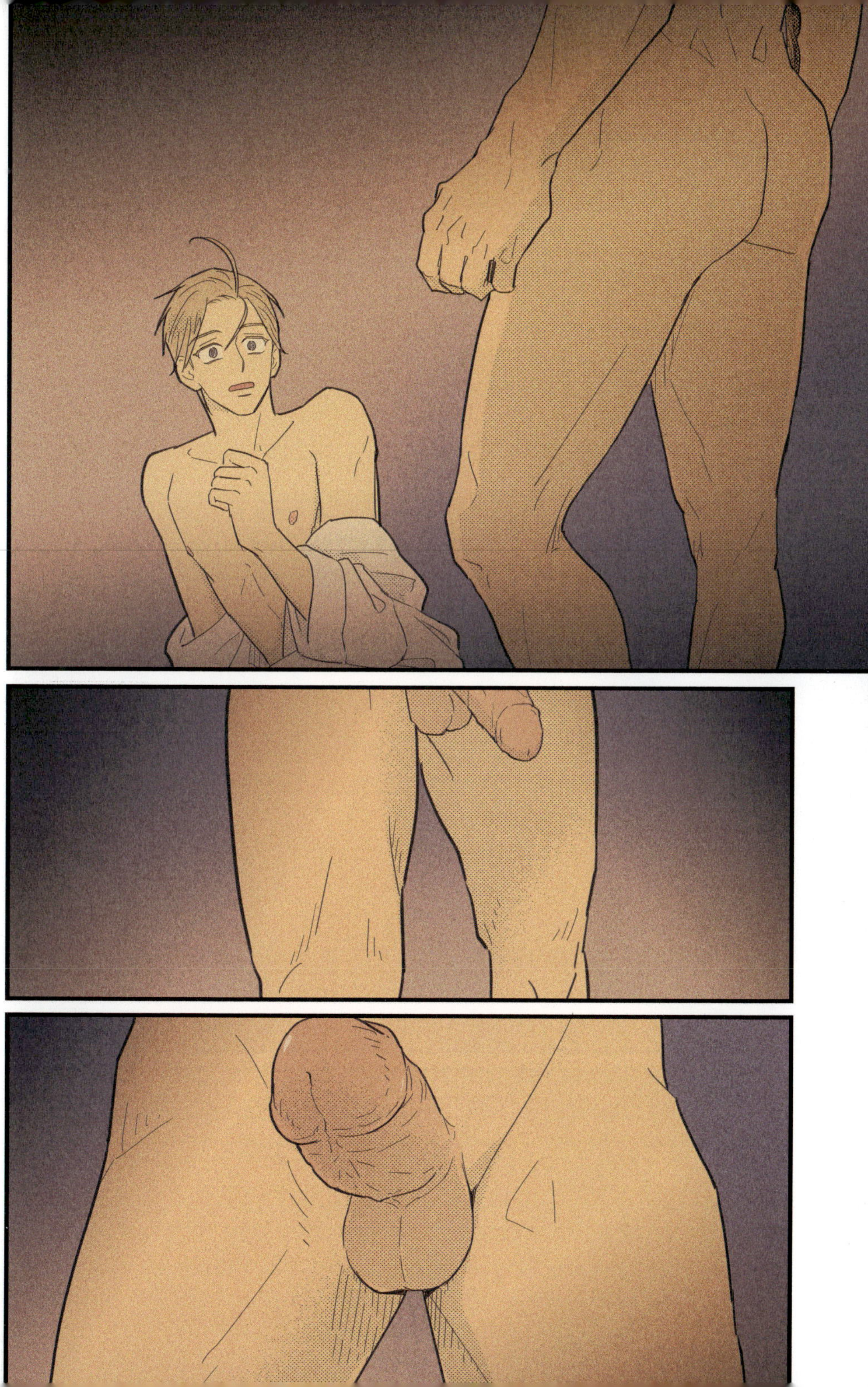

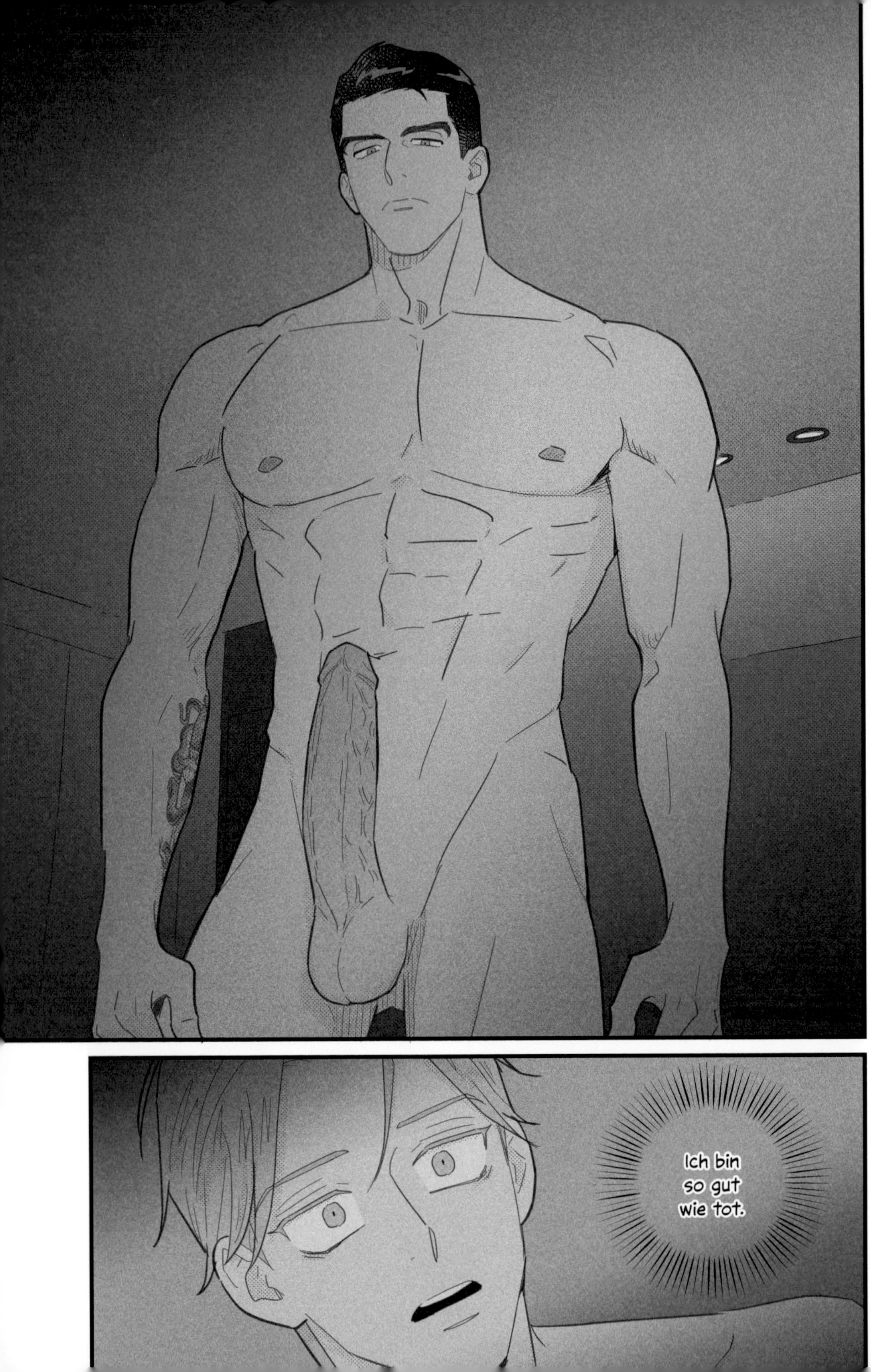
Ich bin so gut wie tot.

On or Off

On or Off

Warum …
… ziehen Sie sich wieder an?
Hat Sie mein Anblick etwa verun-sichert?
Was?! Nein! Ganz und gar nicht!
Son-dern?
D… Der … Also, wird der über-haupt …
… reinpas-sen?

Ah, nun ...
Zuck
... letztes Mal hat er reingepasst. Warum sollte es dieses Mal anders sein?
Hngh ...
Herr Ahn.
Wenn Sie nicht wollen, werde ich ihn nicht reinstecken.
?
Sst

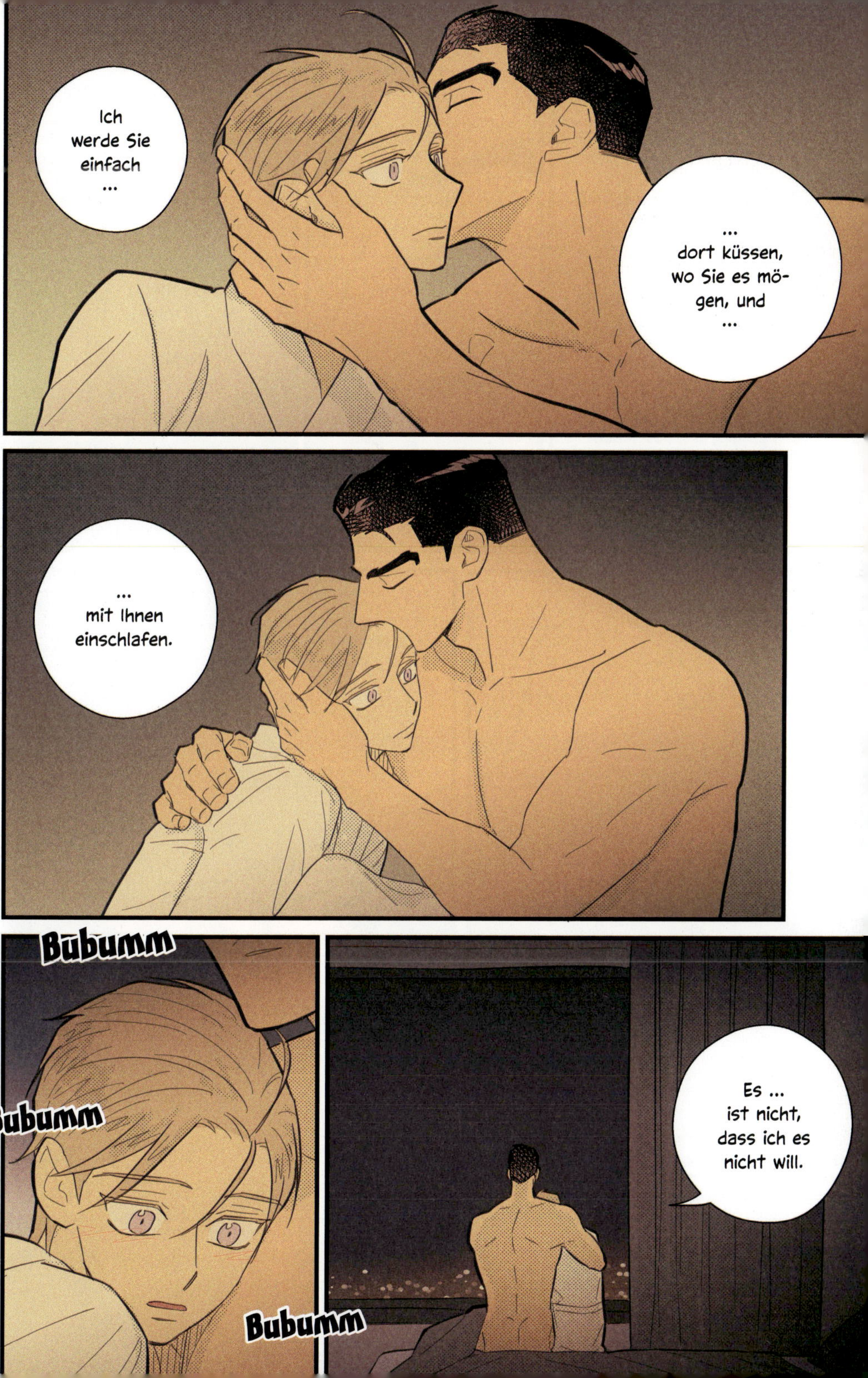
Ich werde Sie einfach ...
... dort küssen, wo Sie es mögen, und ...
... mit Ihnen einschlafen.
Bubumm
Bubumm
Bubumm
Es ... ist nicht, dass ich es nicht will.

Es macht mir nur etwas Angst ...
Dieses Mal wird anders sein als das letzte Mal.
Ich werde Sie vorbereiten ...
... bis Ihr Körper entspannt ist.
Fwupp

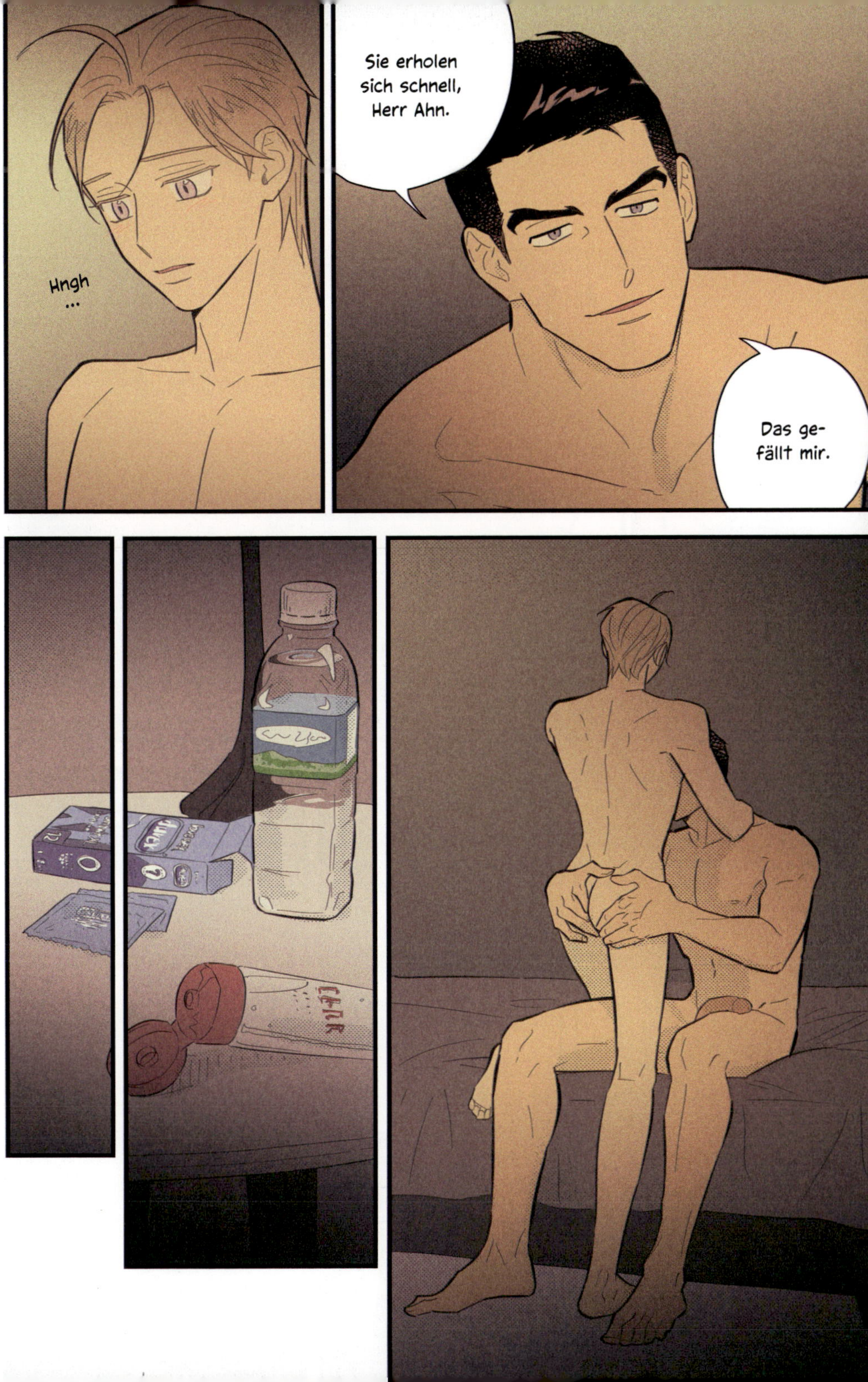
Hngh ...
Sie erholen sich schnell, Herr Ahn.
Das ge-
fällt mir.

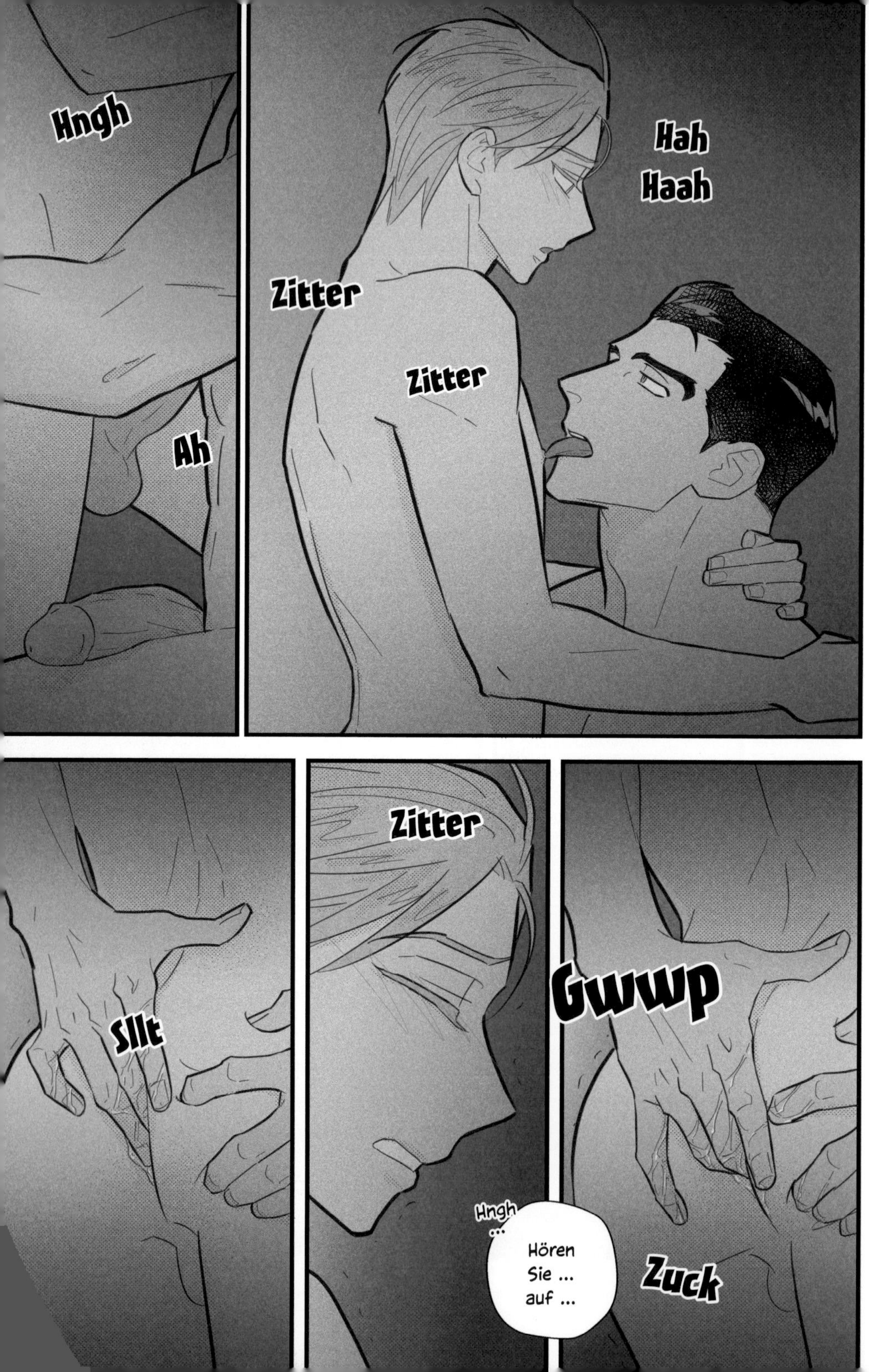
Hah
Haah
Zitter
Zitter
Hngh
Ah
Gwwp
Zuck
Hngh ...
Hören Sie ... auf ...
Zitter
Sllt

Ich glaube, ich komme schon wieder.
Zuck
Gwapp
Das ist in Ordnung.
Aber ich möchte ...
Haah ...
... das nicht.
Ich möchte dadurch kommen.
Swp

Tropf
Wenn Sie das so sagen ...
... kann ich natürlich nicht wider-stehen.
Bitte ziehen Sie das Kondom über.
Okay.
Und zwar mit Ihrem Mund.

Mit
...
...
meinem
Mund?
Hmm
...
Wie macht
man das?
Geben
Sie es
mir.
Halten Sie
das Ende mit
Ihren Lippen
fest.
Und
dann
...

!
... rollen Sie es so weit mit Ihrem Mund he-rab, wie Sie können.
Sehr gut.
Streichen Sie es mit Ihren Fingern bis zum Ende hinunter.
Sllk

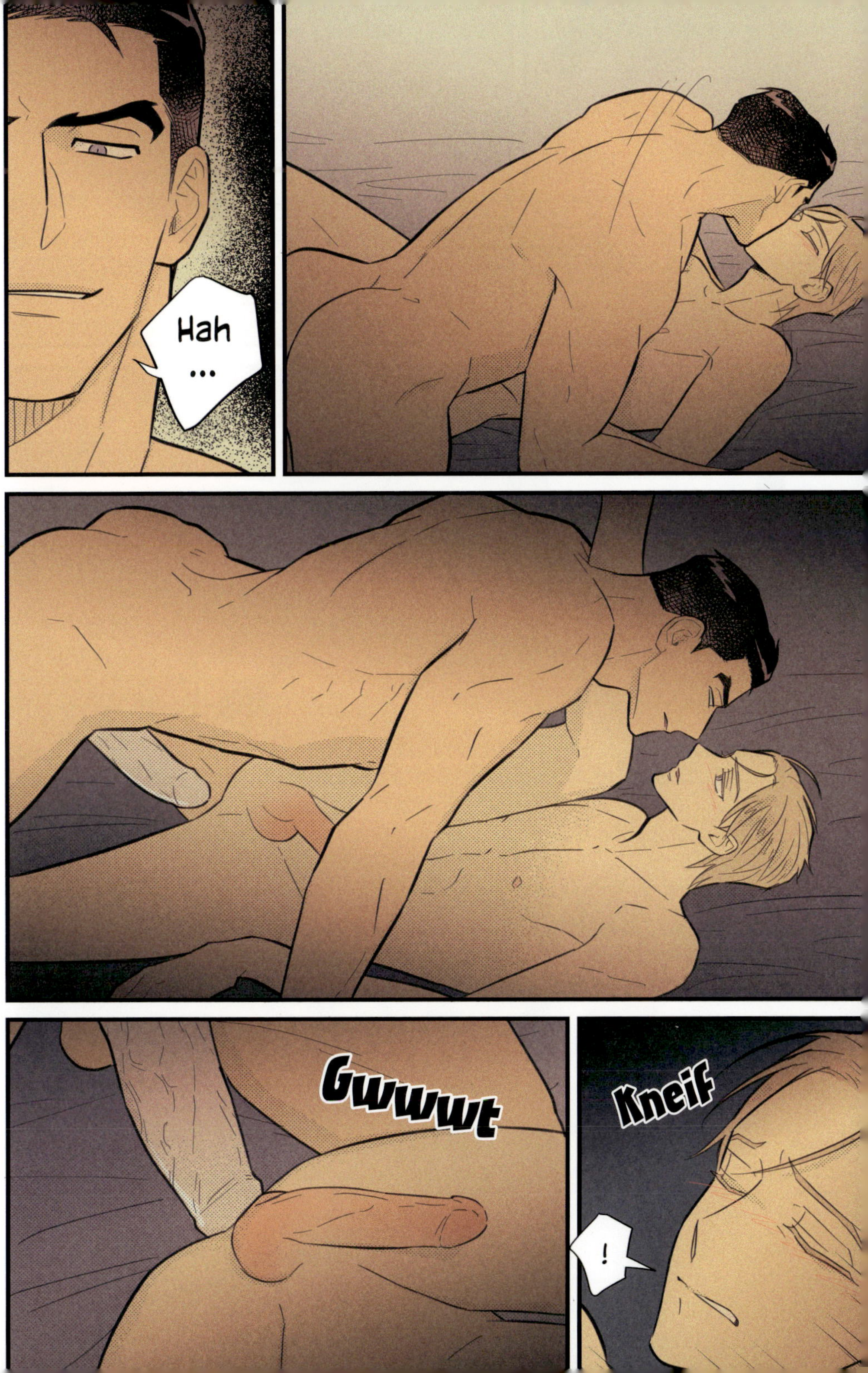
Hah
...
Gwwwt
Kneif
!

Öffnen Sie Ihre Augen.
Das letzte Mal ...
... konnten Sie vermutlich nichts sehen.
Schauen Sie dieses Mal genau hin.

Aah!
Entspannen Sie sich.

Gwwt
Ah
Aaah
Splt
Tropf
Tropf
Sind Sie allein dadurch gekommen, dass ich ihn reinge- steckt habe?
Zuck
Zuck

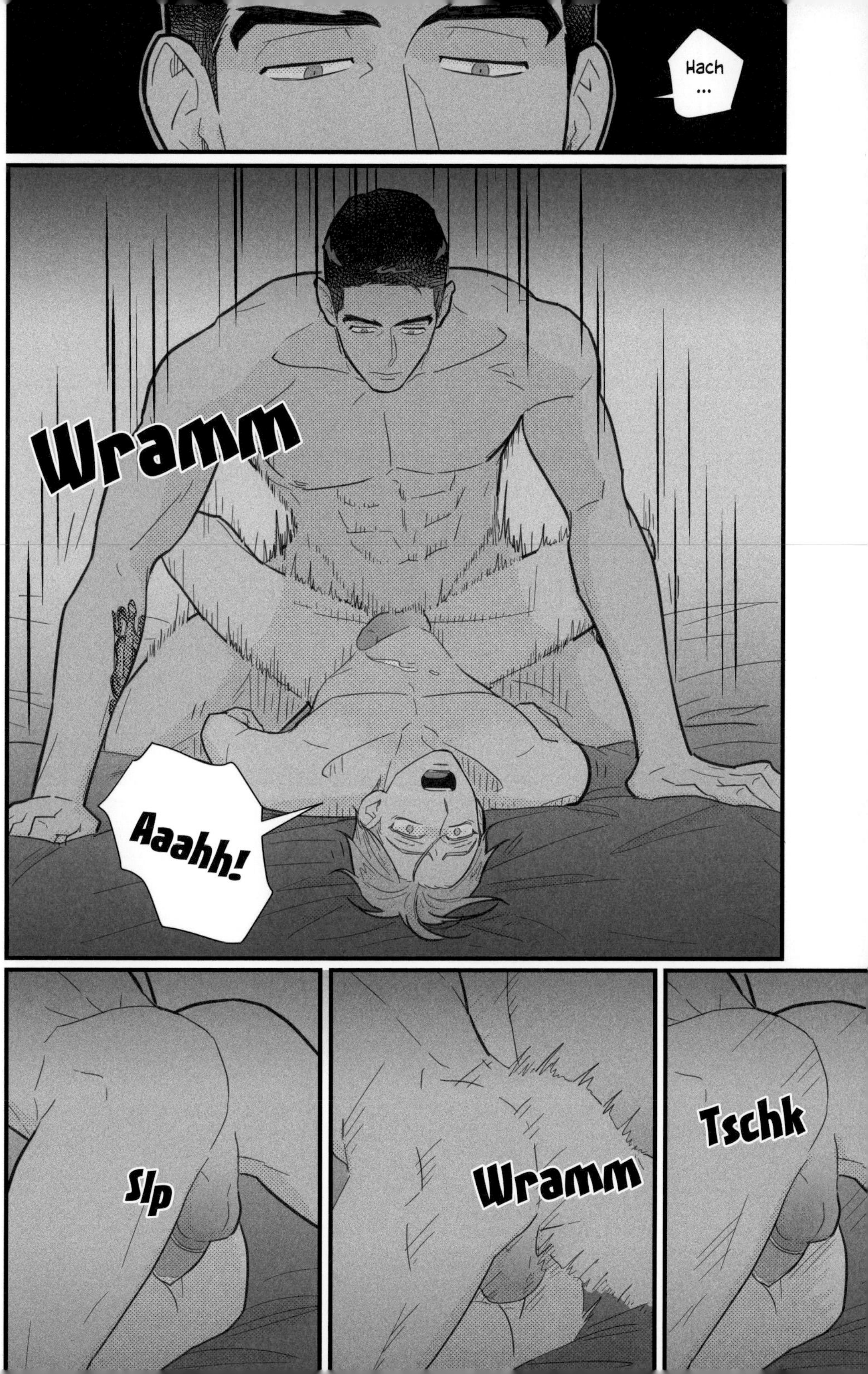
Hach
...
Wramm
Aaahh!
Slp
Wramm
Tschk

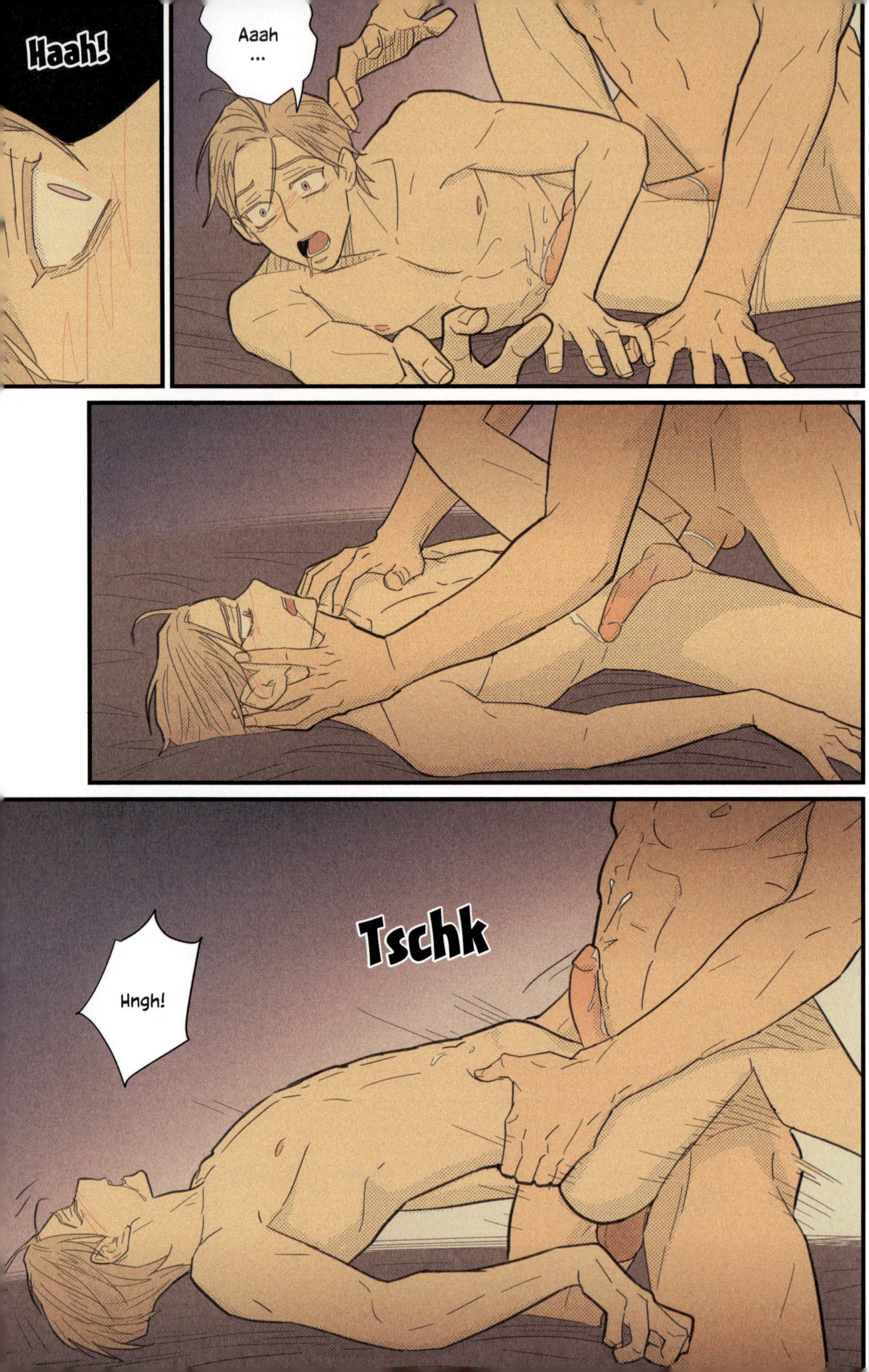
Haah!
Aaah ...
Hngh!
Tschk

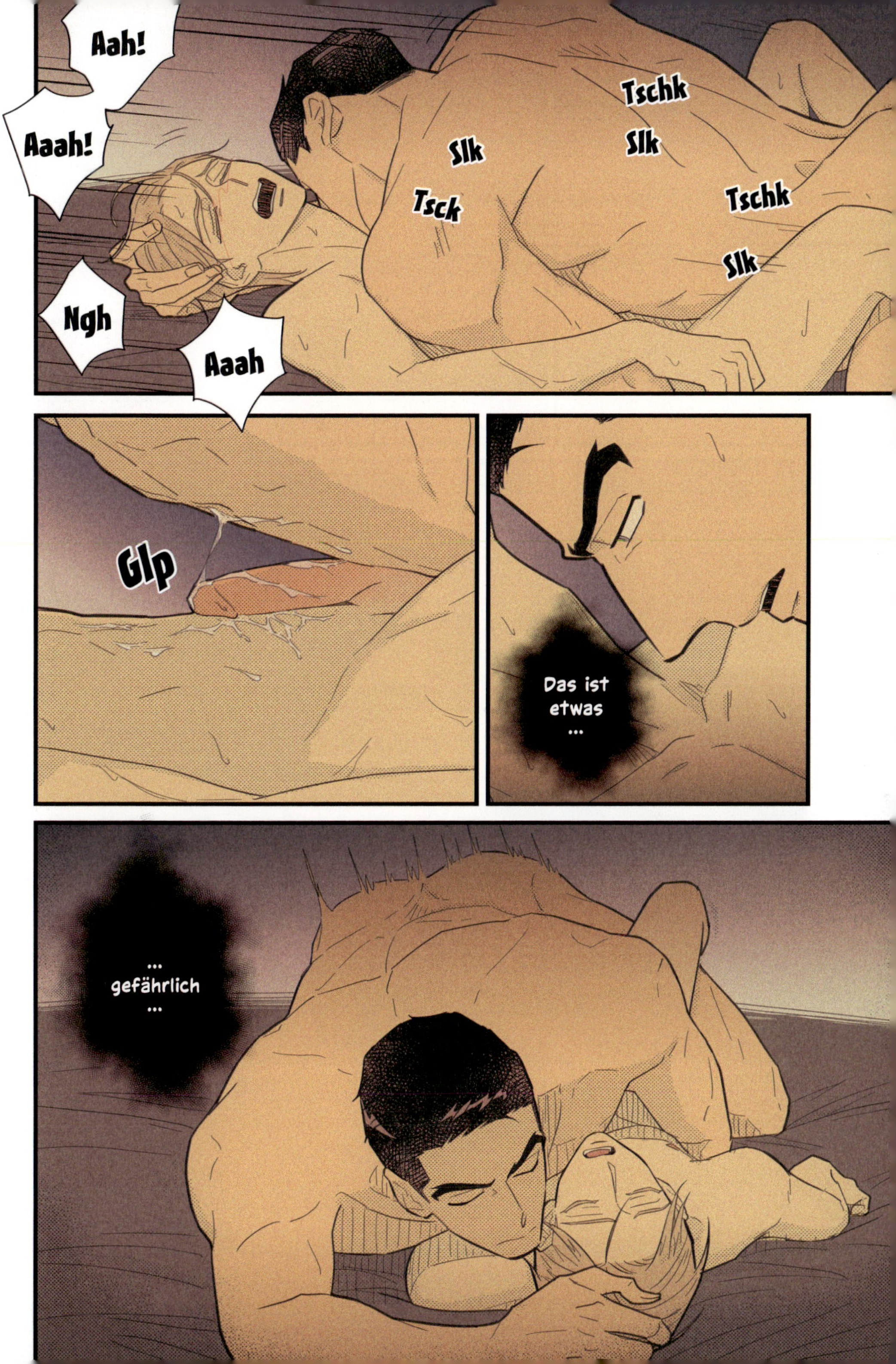
Aah!
Aaah!
Slk
Tsck
Tschk
Slk
Tschk
Slk
Ngh
Aaah
Glp
Das ist etwas ...
... gefährlich ...

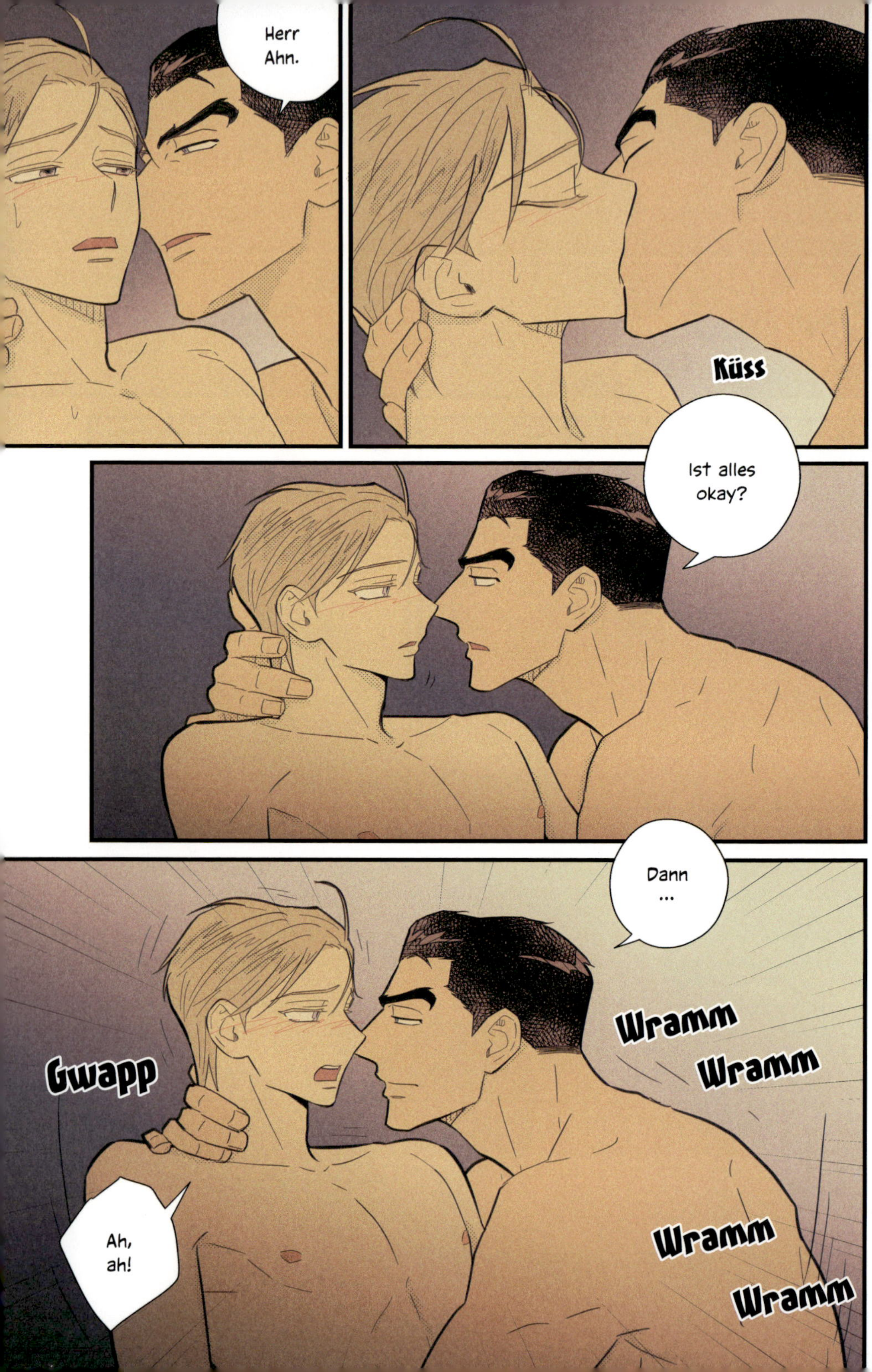
Herr Ahn.
Küss
Ist alles okay?
Dann ...
Gwapp
Wramm
Wramm
Ah, ah!
Wramm
Wramm

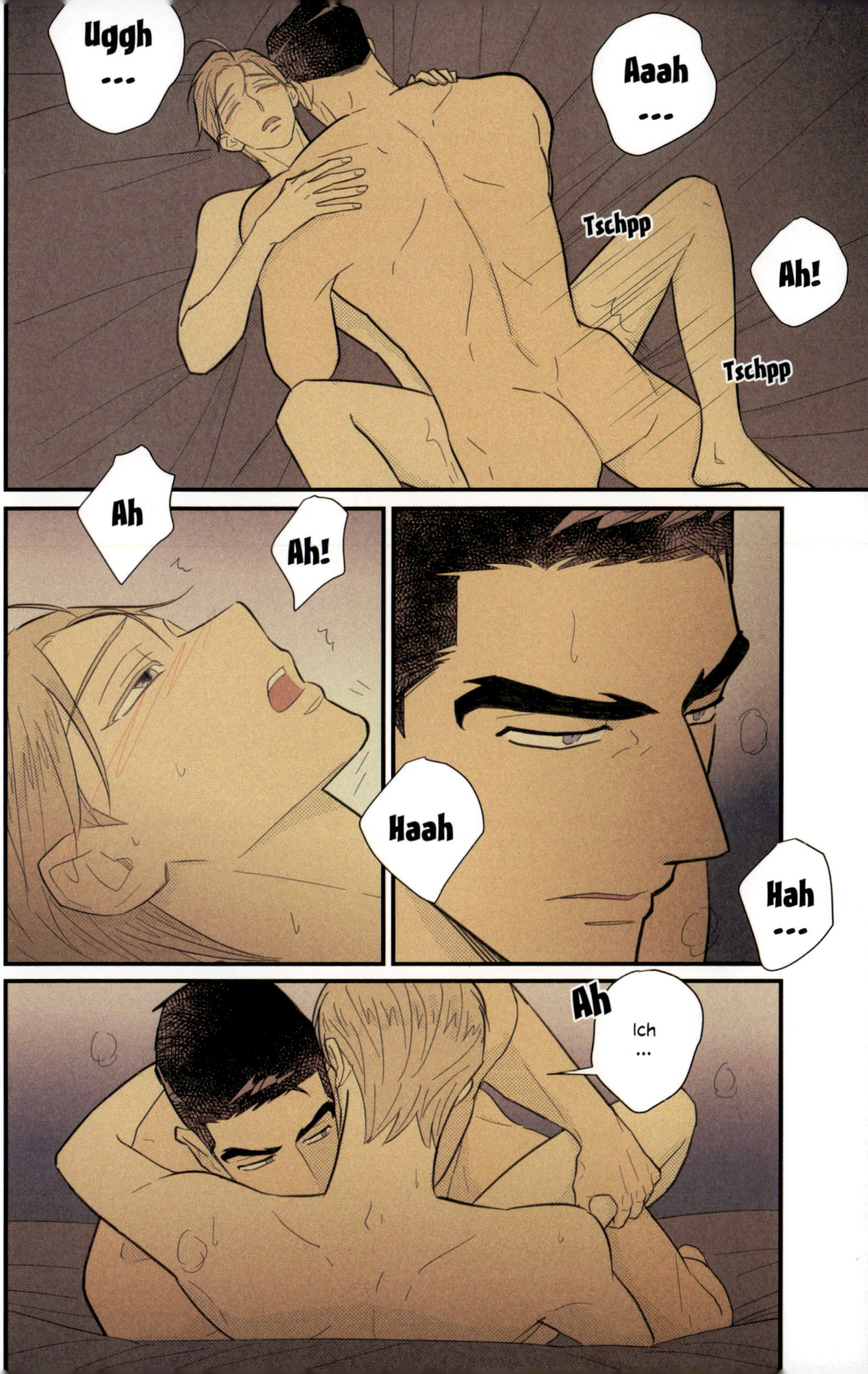
Uggh ...
Aaah ...
Tschpp
Ah!
Tschpp
Ah
Ah!
Haah
Hah ...
Ah
Ich ...

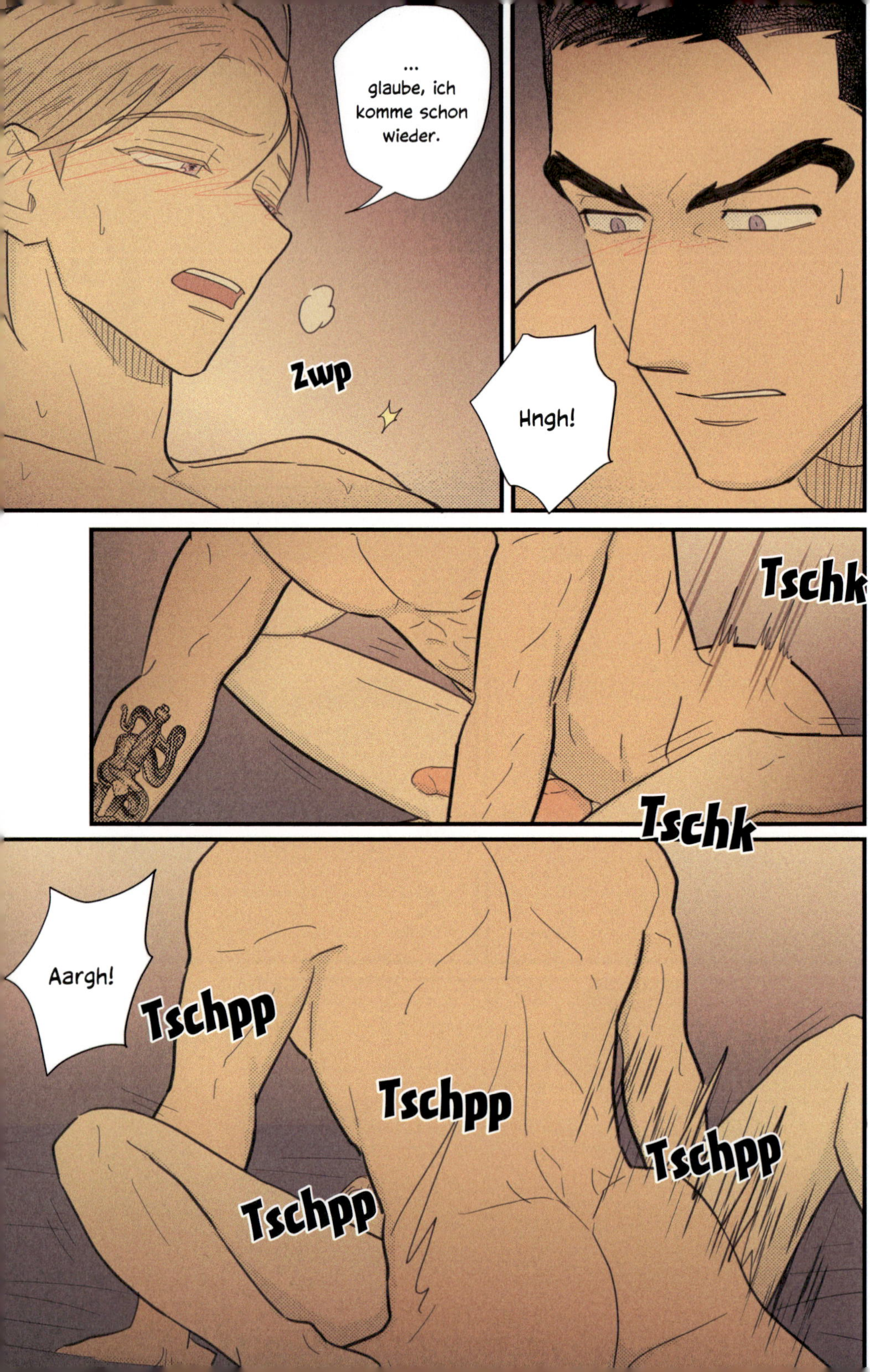
...
glaube, ich komme schon wieder.
Zwp
Hngh!
Tschk
Tschk
Aargh!
Tschpp
Tschpp
Tschpp
Tschpp

Hngh
Agh
Slk
Aaahh
Slt
Haah ...
Tschk
Slk
Slk
Tschk

Aaahh!
Ah!
Splt
Ah!

Ich bin gekommen …
… und er auch …
… das ist wohl Erwachsenen-sex.
Wupp
Haah
Es ist perfekt.
Ah …
Wie schade, dass es schon zu Ende ist.
Zwt
Psssch
Wollen Sie etwas Wasser?
Ja.
Öhö!

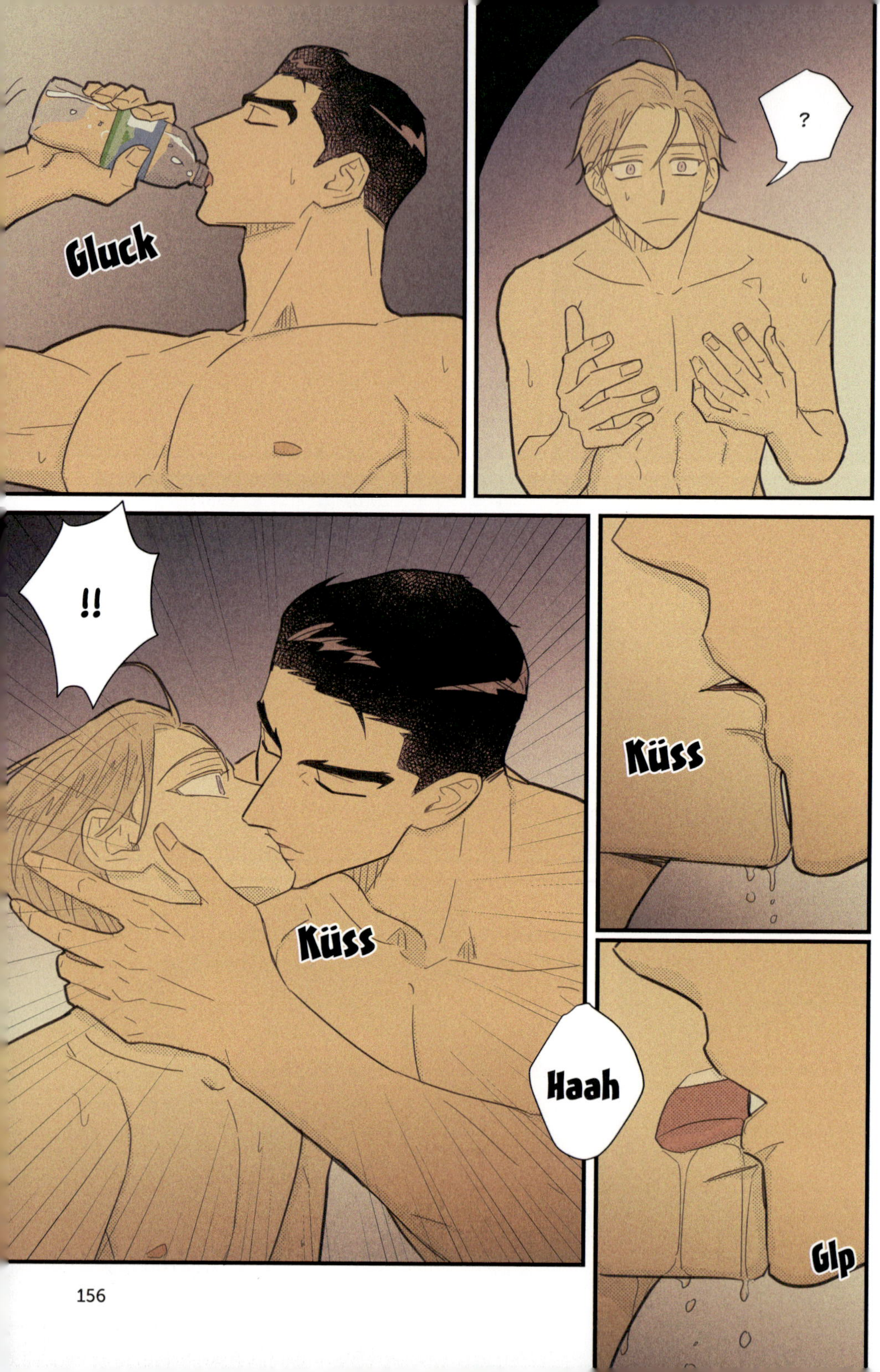
Gluck
?
!!
Küss
Küss
Haah
Glp

Das Wasser ...
... ist bis hierhin ge-tropft.
Hier ist es auch nass.
Ah ...
Diese Nacht ...
... werde ich wohl niemals vergessen.

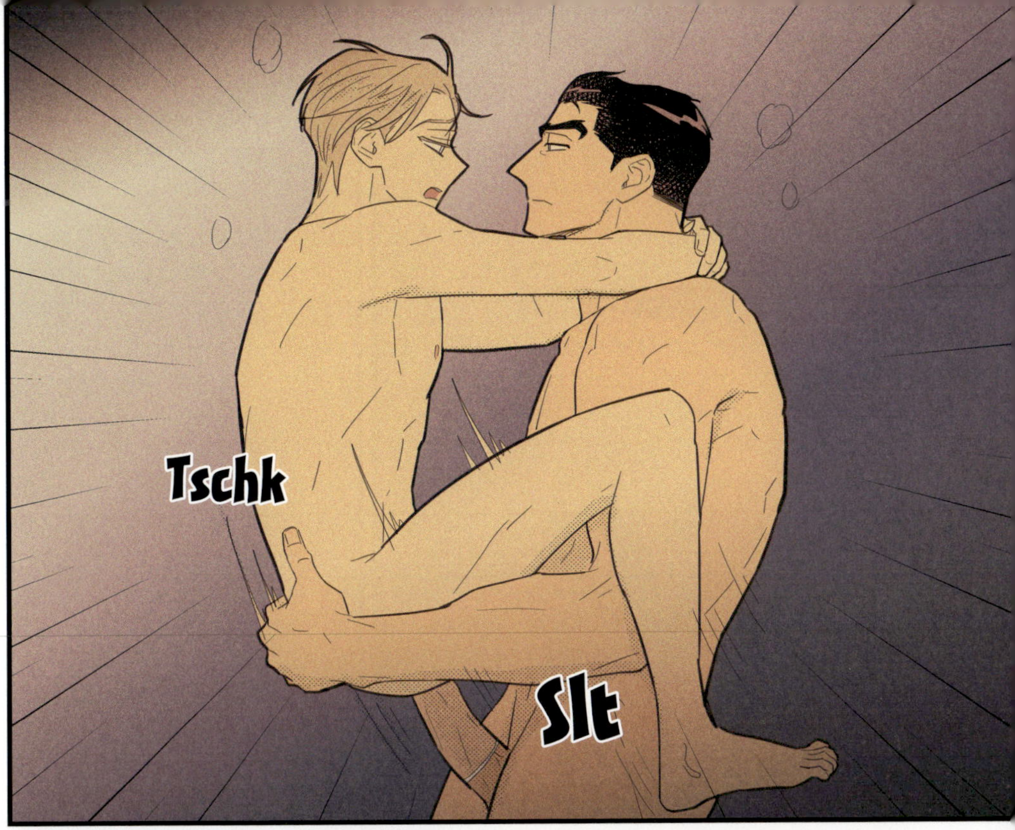
Tschk
Slt

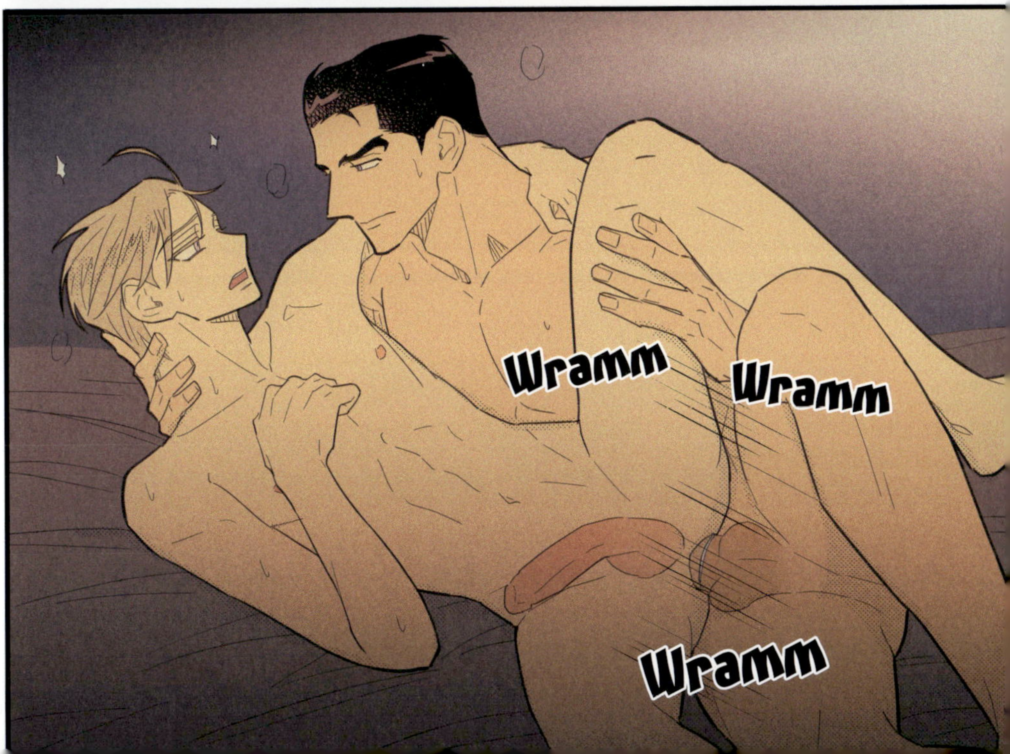
Wramm
Wramm
Wramm

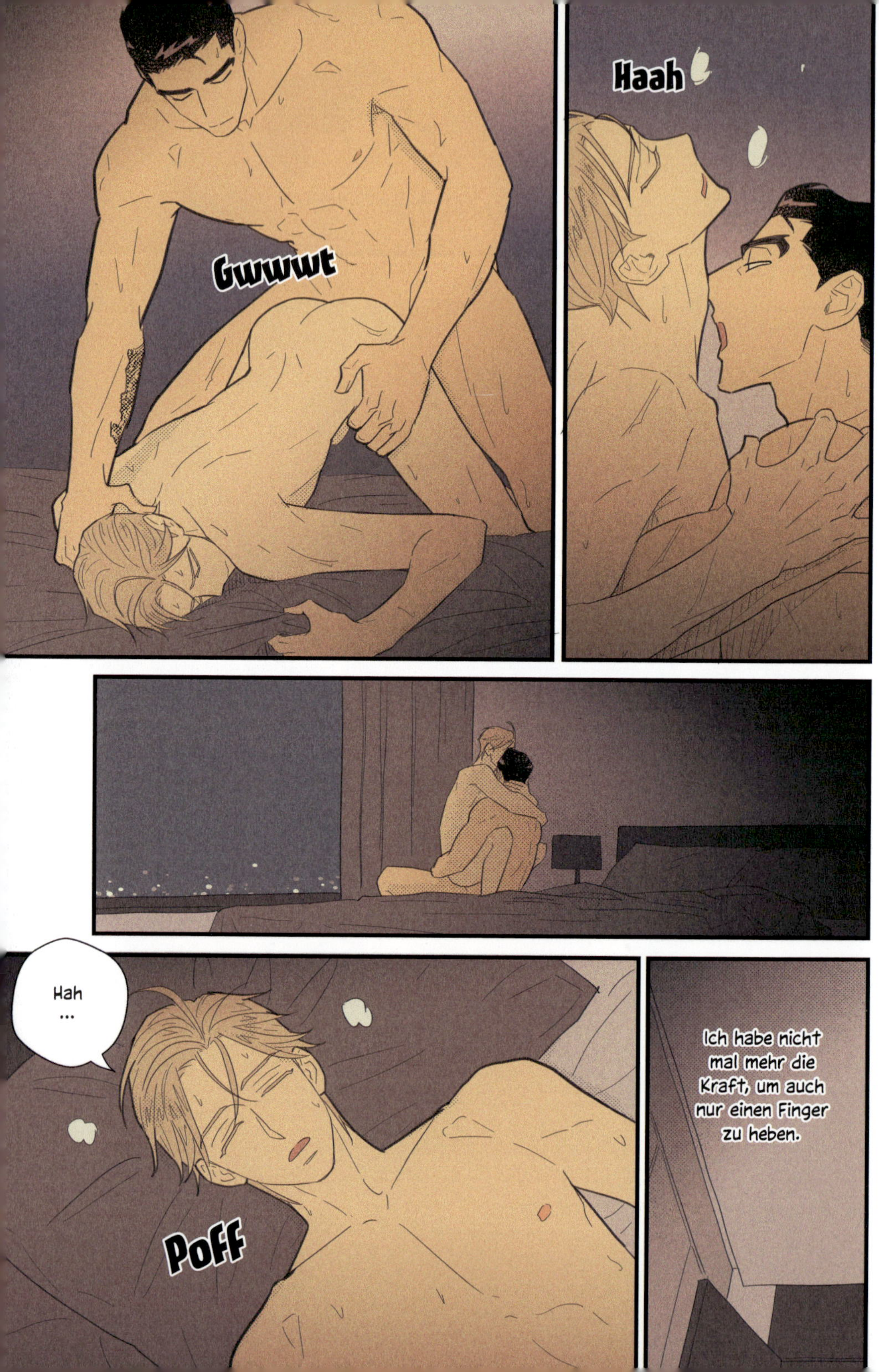
Gwwwt
Haah
Hah ...
Poff
Ich habe nicht mal mehr die Kraft, um auch nur einen Finger zu heben.

?
Swp
Swp
Es ist schon ziem-lich spät.
Sanft
Küss

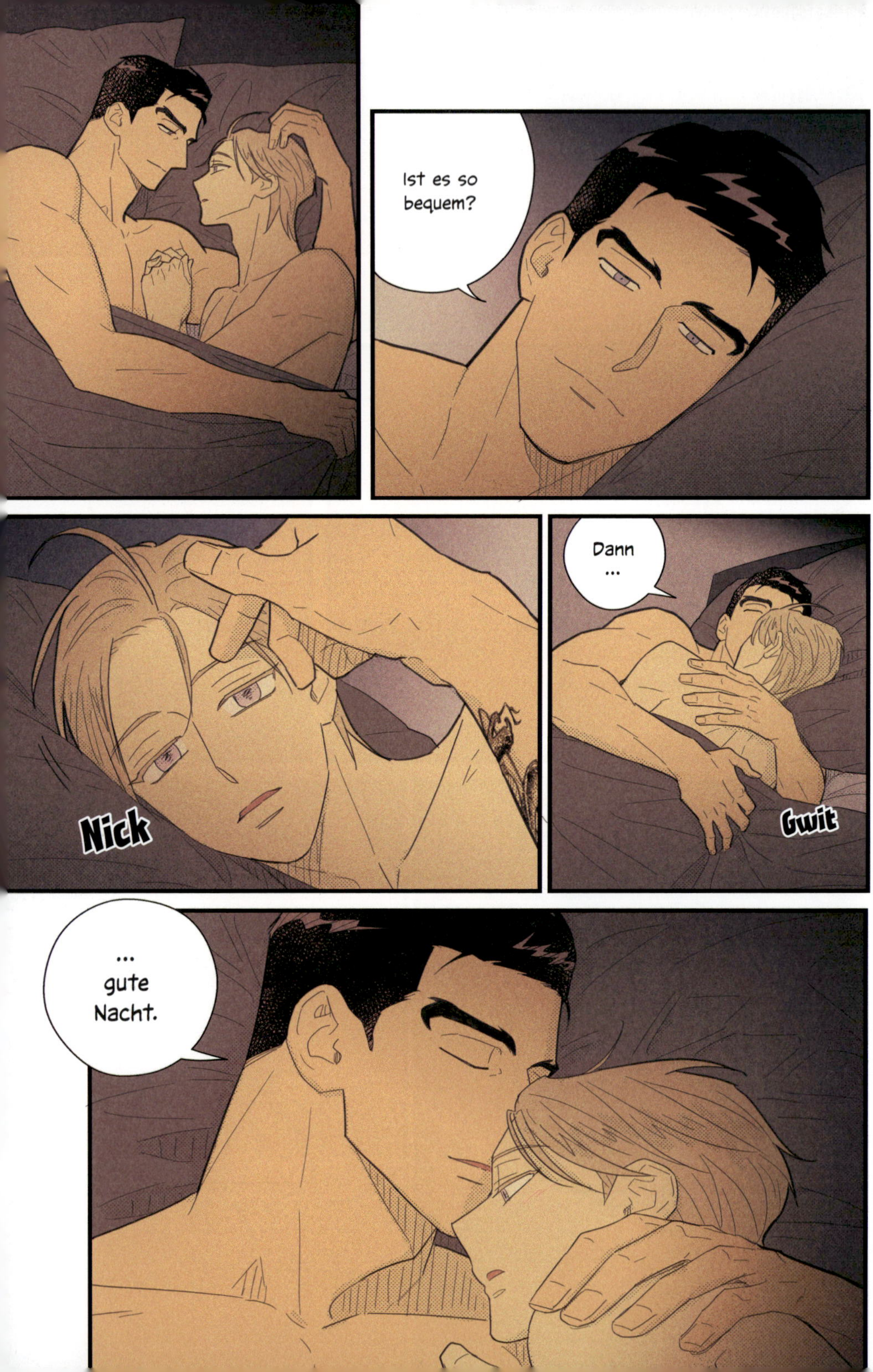
Ist es so bequem?
Nick
Dann ...
Gwit
... gute Nacht.

Sie auch, Herr Direktor ...
Blinzel
Huch?

Das Bett ist kalt.
Er scheint schon vor einer Weile auf-gestanden zu sein.
Er hat mich nicht einmal geweckt.
Das ist hart.
Hm?
Eine Notiz?
An Herrn Ahn
»An Herrn Ahn
Ich werde zuerst zur Arbeit gehen.
Wenn Sie in den Kleiderschrank auf der linken Seite schauen …
Wow! Da ist ja ein Klei-derschrank!

...
finden Sie Ihre Unterwäsche und Ihr Hemd gewaschen im Regal.
Was? Er hat meine Socken und Unterhose gewaschen!
Ihr Anzug befindet sich im Dampfschrank.
Wow!
Außerdem steht ein Frühstück für Sie auf dem Esstisch bereit.
Wow.
Essen Sie etwas, bevor Sie gehen.
Wahnsinn!
Daehyung«

Es ist wie eine Szene in einer TV-Serie.
Das ist das erste Mal, dass ich von einem One-Night-Stand so verwöhnt werde.
Person 1, die er durch eine App getroffen hat.
Warum hast du so ein teures Motel ausgewählt? Du zahlst 20.000 Won* mehr!
Du hast zwar ein hübsches Gesicht, aber ansonsten bist du ziemlich langweilig.
Person 2, die er durch eine App getroffen hat.
Danach hat er die App gelöscht.
Wah, denk nicht an deine dunkle Vergangenheit!
Ruinier nicht diesen Moment!
Alles, was ich bisher erlebt habe, war eher ...
* Ca. 15 €.
Das ist nichts, was mir angesichts so hübschen Essens durch den Kopf gehen sollte.
Guten Appetit!
Wow, echt lecker!
W... Was ist das?

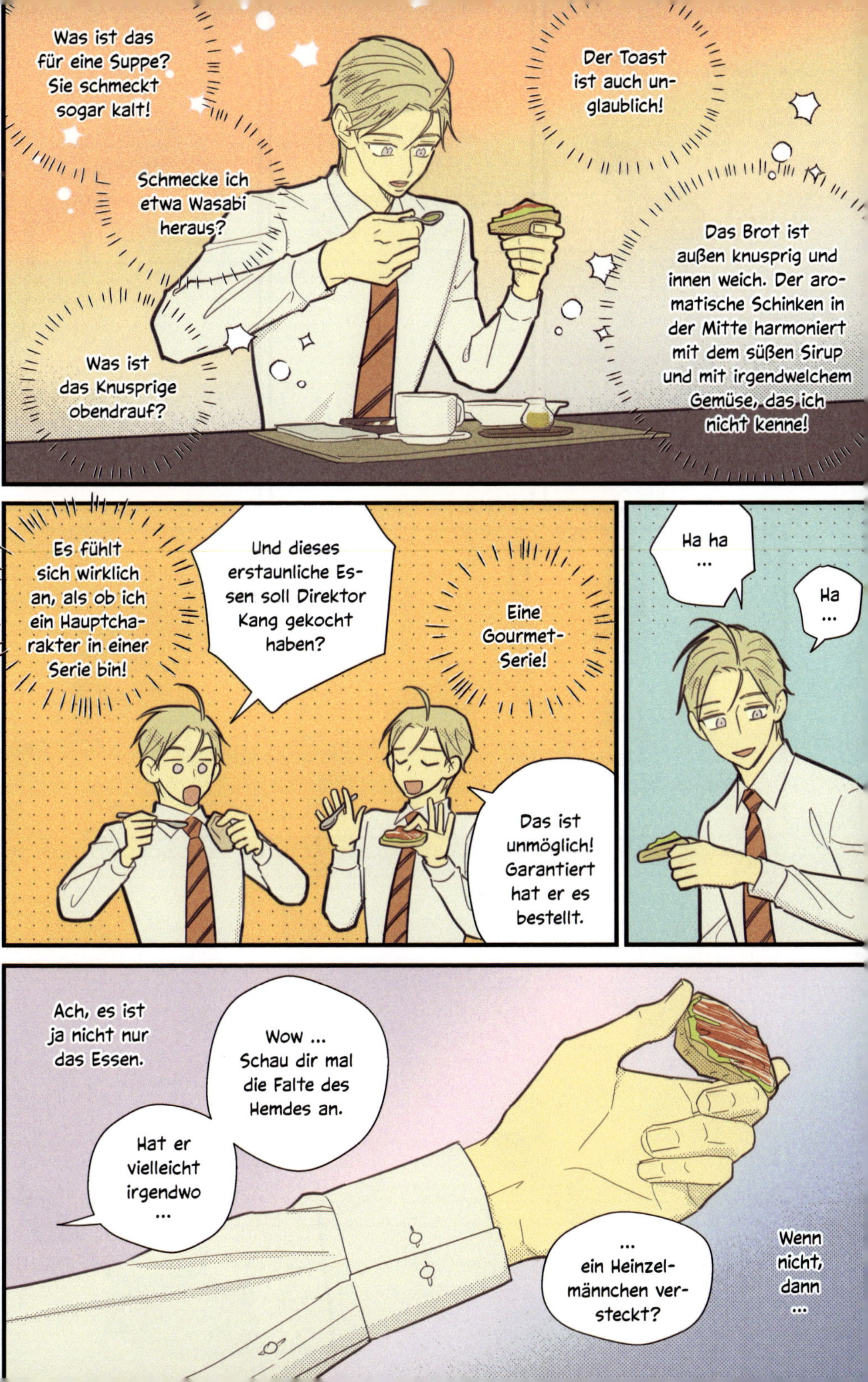
Was ist das für eine Suppe? Sie schmeckt sogar kalt!
Schmecke ich etwa Wasabi heraus?
Was ist das Knusprige obendrauf?
Der Toast ist auch unglaublich!
Das Brot ist außen knusprig und innen weich. Der aromatische Schinken in der Mitte harmoniert mit dem süßen Sirup und mit irgendwelchem Gemüse, das ich nicht kenne!
Es fühlt sich wirklich an, als ob ich ein Hauptcharakter in einer Serie bin!
Und dieses erstaunliche Essen soll Direktor Kang gekocht haben?
Eine Gourmet-Serie!
Das ist unmöglich! Garantiert hat er es bestellt.
Ha ha …
Ha …
Ach, es ist ja nicht nur das Essen.
Wow … Schau dir mal die Falte des Hemdes an.
Hat er vielleicht irgendwo …
… ein Heinzelmännchen versteckt?
Wenn nicht, dann …

... heißt das, dass Direktor Kang selbst dieses Hemd gebügelt ...
... und dieses Essen selbst gekocht hat.
Dieser Typ.
Direktor Daehyung Kang ...
Wenn diese Situation eine Fernsehserie wäre, dann ...

Bubumm
Bubumm
Bubumm
Bubumm
Bubumm
... wäre sie ein Liebesdrama?
Bubumm
Bubumm

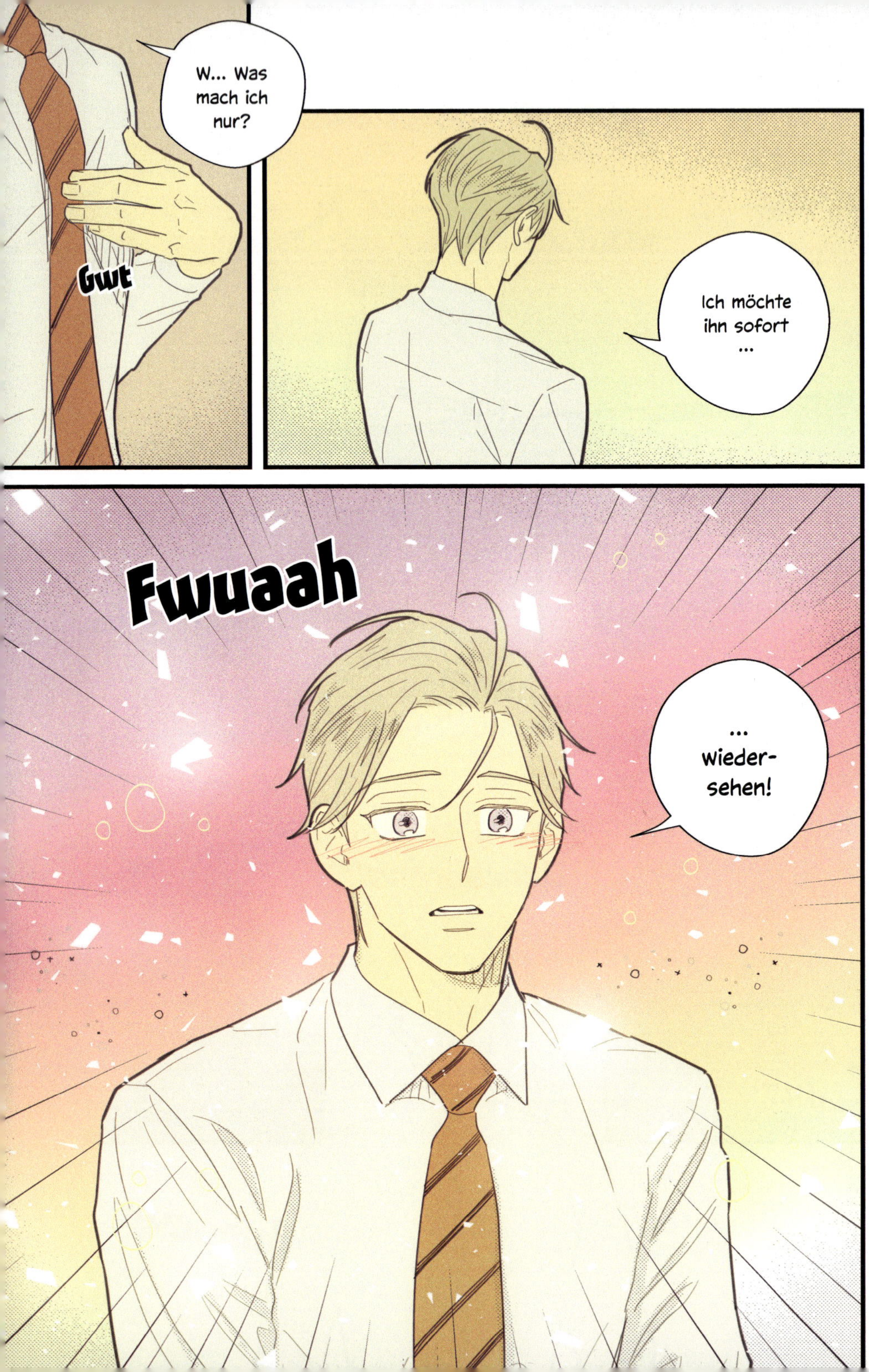
W... Was mach ich nur?
Gwt
Ich möchte ihn sofort ...
Fwuaaah
... wieder-sehen!

# Kapitel 4

# On or Off

On or Off

Sonnen-
schein.
Eine
sanfte
Brise.
Seoul!

Ah, Menschen ...
Swusch
Die Firma!
Alles ist wundervoll!
Hi hi hi
Oje, der arme Neuling ist wohl durchgedreht.
Tuschel Tuschel
Schwirr
Da!
Bin! Ich!
Na endlich.

Minaaaa!!
Bist du jetzt wieder hier?!
Hat alles geklappt?
Wie geht es deinen Eltern?
Ich muss noch ein paar Sachen erledigen. Ich bin vorbeigekommen um das Skript ...
... mit einem besseren Code auszustatten. Wo sind die anderen?
Ah, es geht ihnen nicht so gut, also kommen sie heute nicht.
Donga Park
Mir geht es nicht so gut nachdem *Dance Dance Revolution* gestern. Ich werde heute nicht kommen.
Shinja Choi
Ich auch ...
Haji Moon
Jup!
Sie haben sich gestern wohl übernommen.
Dann solltest du dich auch ausruhen. Warum bist du überhaupt hergekommen?
Oh? Ich?
Tapp
Nun ... Ich ...

Das werden wir heute besprechen ...
Ja, Herr Direktor.
Warum bist du hergekommen?
Oh? Äh ...
Brabbel
Brabbel
Ich muss, nun ... Ich muss die Präsentation vorbereiten ...
... und das ... das Büro lüften und ...
Mina ...
... ich komme gleich wieder!
Diesen Gesichtsausdruck ...

Okay.
... kenne ich.
Es ist ein Zeichen, dass es wieder angefangen hat.
Yiyoungs Leiden.
Na ja, egal. Ich sollte weiter am Code arbeiten.
Bisher gab es fünf Ereignisse, die ähnlich wie dieses waren.
Ich denke schon wieder über unnötiges Zeug nach. Tsk!

Nun, es ist sowieso einfache Arbeit, also kann ich auch etwas abschweifen.
Eine Rückblende ohne Kontext und Sinn ist keine schlechte Idee ...
Zum ersten Mal passierte so etwas ...
... am dritten Tag ...
... nach Yiyoungs und meinem ...
... Eintritt in den Kinder-garten.
Yiyoung und Mina sind auch heute Händchen haltend herge-kommeen!
Wie süß!
Ja!
Ich werde jeden Tag ihre Hand halten!
Auweia, wirklich?

Frau Lee hat dir schon wieder aufgetragen, unnütze Dinge zu tun.
Yiyoungs Mutter
Lass jetzt los.
Bwatz
... hier kommt deine Mütze und hier deine Tasche rein.
Das weiß ich auch.
Hast du gehört, wie sie geredet hat?
Sie ist diese ...
Flüster
Flüster
Mina ...
Mina! Wollen wir rutschen?
Mina! Ist das eine Tulpe?
Wupp
Wupp
Wupp
Mina! Mina!
Du nervst. Geh dorthin und spie...
Da bist du ja, Takmin.
!

Frau Lehrerin! Was gibt es heute zum Nachtisch?
Bwwoong
Bwong
Bwwong
Hä?
Gerötetes Gesicht und geweitete Pupillen.
Eine übliche Reaktion, um jemanden, der verliebt ist, in Serien oder Büchern zu beschreiben.
Yiyoung scheint irrationale Gefühle für dieses Kind zu haben.
Aber er ist vom gleichen Geschlecht wie er …
… und er hat den größten und männlichsten Körperbau von allen Kindern.
In anderen Worten: Er ist das Alphamännchen der Gruppe.
Es kann davon ausgegangen werden, dass Yiyoung homo- oder bisexuelle Neigungen besitzt …

... wobei das natürlich nur eine Theorie ist.
Mina.
Ich komm gleich wieder.
Okay.
Uff!
Tapp
Tapp
Tapp
Klaro!

Juhuu!
Miinaaa. Taangmiin will auch unser Freund wer-deeen!
Lass und zusammen spielen!
Hä? Aber ich mag die nicht!
Oh? Warum?

Meine Mutter und die alte Dame von nebenan haben gesagt ...
... dass Mina eine Psychopathin ist!
Da damm
?!
Tack
Haah ...
Groooh

On or Off

Du bist echt laut.
Geh dort hinten hin und spiel.
Ieks! Sie ist ein Psycho! Psycho!
Das bin ich zwar nicht, aber es stimmt, dass ich ein wesentlich geringeres Empathievermögen als meine Gleichaltrigen besitze.
Sag so etwas nicht zu Mina!
Sie ist meine Freundin!
Ein Psychopath kennt keine Freunde!

NEIN!
Ich bin ihr Freund!
Du bist gemein!
Ein richtiger Fiesling!
M.M. Kindergarten
Ich ver-stehe das nicht.
Wääääh
Hick
Haaach ...

Ich bin diejenige, die beleidigt wurde, also warum weinst du dann?
Wobei es mich nicht einmal verletzt hat.
I... Ich ... wollte ...
Hick
... sein Freund werden.
Du kannst doch mit ihm befreundet sein. Ich habe dir keinen Vorwurf gemacht.
Nein! Tangmin ist böse!
Ich kann Yiyoungs Psyche nicht intuitiv verstehen, aber ich sollte es mithilfe einer Theorie versuchen.
Hm ...
Ah!
Du hast ihn gemocht, weil du dachtest, dass er nett ist, aber nun bist du enttäuscht, weil er gemein ist?
Kurz vorm Weinen

In dem Fall kann diese Situation also als »einseitige Liebe« beschrieben werden.
Selbst unter Vorschülern kann eine solche Situation also vorkommen. Interessant.
Ich sollte Daten dazu heraussuchen.
Ich hatte gedacht, dass diese Sache nach dem Zwischenfall erledigt gewesen sei, aber …
… auch danach wurde Yiyoung …
… es nicht leid …
Mina, ich komm gleich wieder.
… sich auf den ersten Blick …
Mina, ich …
… in jemanden zu verlieben.
… komm gleich …

Aber es gab ein Problem.

Ta
ta
tapp
Ding
Tatapp
Tatapp

Herr Direktor ...!
Eine Se-
kunde!

Direktor Kang!
Bwamm
Oh ... huch?
Was glauben Sie, wo Sie sind, dass Sie einfach so reinplatzen können?

Ist eine Hauptversammlung ein Kinderspielplatz?
Direktor Kang, sollten Sie nicht auch etwas sagen?!
Entschuldigung!
Entschuldigung!
Ents...
Was mach ich nur!
Tapp
Lassen Sie uns später reden.

Egal ob es bewusst war oder nicht ...
... es hat nicht ein einziges Mal ...
Quiieetsch
... zwischen Yiyoung und seinem Schwarm ...
Wamm
... geklappt.

Tapp Tapp
Da bin ich wieder.
Ah, willkommen zurück.

Dieses Mal ist sein Schwarm der Vizepräsident der 12. Klasse. Es stellt sich heraus, dass er ein totaler Fiesling ist.
Ihn mit Worten zu trösten ist jenseits meiner Fähigkeiten.
Yiyoung.
Hast du alle Hausaufgaben gemacht?
Nicht ein einziges Mal.

Ist es falsch, ihn heute zum Lernen zu bringen?
Falls nicht, können wir morgen ...
Nein.
Ich habe alle ge-macht.
Aber eine Aufgabe habe ich nicht ver-standen.
Aber ...
Welche?
Nummer 22.
Ja.
Nur die 22?

Du hast dich verbessert.
Immerhin werde ich von einem Genie unterrichtet.
... er zeigte seinen Schmerz immer nur sehr kurz ...
... und fing sofort wieder an zu lächeln.
Hi hi
Als jemand mit einem sehr niedrigen Empathievermögen ...
... war es mir nicht möglich zu erkennen, ob dieses Lächeln echt war oder nicht. Aber es war egal.
Dann mach bis morgen bitte die Aufgaben bis hierhin.
Iek!
Yiyoung hat niemals eine Aufgabe, die ihm gegeben wurde, aufgegeben.
Vermutlich wird er auch dieses Mal ...
Torkel
Torkel
... bald wieder lachen und das Ganze vergessen ...
Bamm
Bamm
Bamm

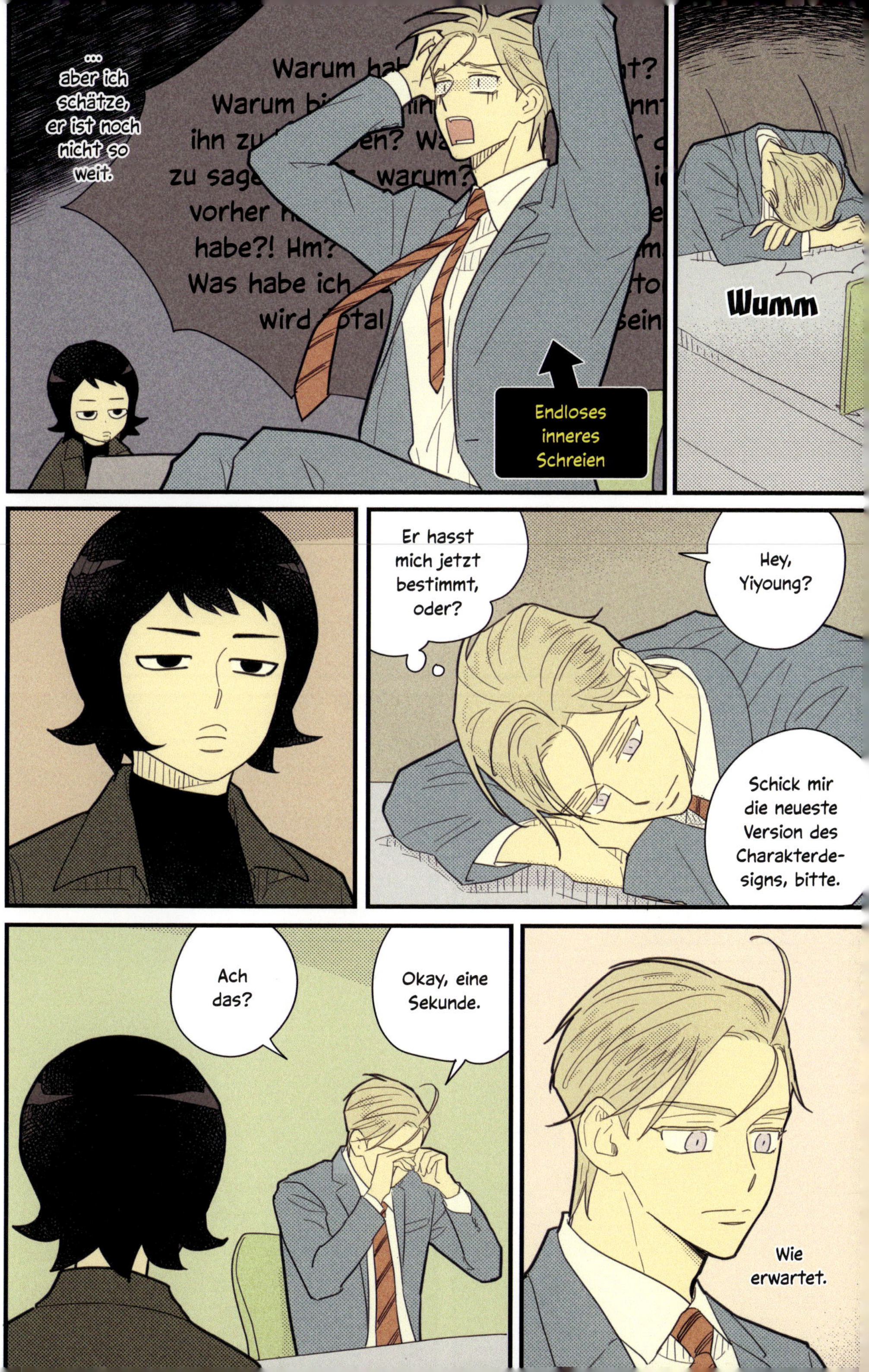

... aber ich schätze, er ist noch nicht so weit.
Endloses inneres Schreien
Wumm
Er hasst mich jetzt bestimmt, oder?
Hey, Yiyoung?
Schick mir die neueste Version des Charakterde-signs, bitte.
Ach das?
Okay, eine Sekunde.
Wie erwartet.

Egal wie es ihm geht, er erledigt immer seine Arbeit.
Ich schicke dir den Link zu unserem gemeinsamen Ordner.
Er wird bald diese einseitige Liebe beenden und seine Gefühle sortieren.
So wie immer.
Klopf
Klopf
Ja?
Herr Ahn.
Uwah! Herr Direktor!
Hiiiiih
Kann ich kurz hereinkommen?

Tapp
Er ist garantiert hier, um mir eine Standpauke dafür zu halten, dass ich vorhin einfach die Tür zum Meetingraum aufgerissen habe!
Krrk
Die Präsidentin würde gerne das Team Singco treffen.
Ich habe gehört, sie hat heute etwas Zeit. Wie sieht es bei Ihnen aus, Herr Ahn?
Was? Die Präsidentin?
Ich habe Zeit, aber …
Perfekt. Wo sind denn alle anderen?
Haben sie sich wieder versteckt?
Ah, meine Kollegen …

... haben sich bei dem Firmenessen gestern etwas übernommen und sich heute freigenommen. Deswegen bin nur ich ...
Hä?
Was zur ...?
Es sieht so aus, als ob er etwas lächeln würde?
Klack
Klack
Klacker
Sie haben ja einen Gast.
Unsere Gründerin.
Ja, das ist eine Freundin von mir, Mina Nam.

Freut mich Sie kennenzulernen. Ich bin Daehyung Kang.
Scannen ...
Scan fertig.
Nick
Wollen Sie als Gründerin ebenfalls mitkommen, um die Präsidentin zu treffen?
Nein.
In Ordnung.
Ich werde nur kurz meiner Sekretärin Bescheid geben.
Lass uns zusammen gehen ...
Doppel-mittelfinger
Ach, und Herr Ahn ...
... was wollten Sie mir vorhin mitteilen?

War es etwas Wichtiges? Sie schienen ziemlich in Eile zu sein.
Was? Ah ... Das ...
Frage: Was wollte Yiyoung Ahn Daehyung Kang sagen?
Antwort: »Gehen Sie mit mir aus!«
Nein. Falsch!
Äh ...
Ich habe es ver- gessen.
Ha ha
Selbst ich kann erkennen, dass das eine Lüge ist.
Verstanden.
Geben Sie Bescheid, falls es Ihnen später wieder einfällt.
Was? Er ist gar nicht wütend ge- worden?
Nein, statt- dessen ...

... wirkt er freundlich ...
Argh!
Warum muss ich ausgerechnet jetzt an letzte Nacht denken?!
Ah ... Äh! Ich habe keine Zeit!
I... Ich sollte mich auf das Treffen vorbereiten!
Wupp
Wupp
Das Vorführvideo, die Demo ...
Ah, was fehlt noch?
Sie müssen nichts vorbereiten.

Es reicht, wenn Sie ein-fach mit-kommen.
Bin fertig. Ich gehe dann mal.

Mina! Willst du wirklich nicht mitkommen?
Ich bin beschäf-tigt.
Wupp
Ich habe mich verrechnet. Der Typ ist auf einem anderen Level als all die Anfänger bisher.
Falls es schiefgeht ...

... kann es sein, dass Yiyoung so sehr verletzt wird wie noch nie zuvor.
Wenn das passiert, werde selbst ich ihm nicht mehr helfen können.
I... In Ordnung.
Ich werde so schnell wie möglich alles andere beenden ...
... und zum Team zurückkehren. Passt gut auf euch auf. Bis dann.
Okay, Mina!

Ich möchte wenigstens in Yiyoungs Nähe sein, wenn es ihm nicht gut geht.
Immerhin sind wir F... Freunde.
Das habe ich von ihm gelernt.

Steigen Sie ein.
Oh? Was? Wir fahren mit Direktor Kangs Auto?
Und er fährt sogar selbst? Was ist mit Frau Cha?
Werden es nur der Herr Direktor und ich sein?
Wenn Sie den Beifahrersitz nicht mögen, können Sie auch hinten sitzen.
Ah! Nein, schon gut!

Wow ... Wie unangenehm.
Diese Stille erdrückt mich förmlich. Ich muss irgendetwas sagen.
Ihr Auto ist wirklich sehr bequem, Herr Direktor. Es fühlt sich an, als ob mein Körper schweben würde.
Ist das, weil Ihr Auto gut ist, oder weil Sie ein guter Fahrer sind?
Ha ha ...
...
Hey! Du fährst nicht zum ersten Mal in diesem Auto, also was soll der Quatsch jetzt?
Er hat mich doch schon einmal mitgenommen!
Gestern Abend!
Vielleicht beides.
Ende der Antwort

Ich kann kaum glauben, dass es erst gestern war.
Dass wir mit diesem Auto …
… zu Direktor Kangs Haus gefahren sind …
… und all das …
… passiert ist.

Ich darf nicht daran denken! Sei still, Gehirn!
Erst werde ich aufgeregt und kriege Schmetterlinge im Bauch.
Dann bin ich verlegen und deprimiert …
… und ganz durcheinander.
Geht das nur mir so?
Direktor Kang sieht aus, als ob ihn all das gar nicht interessiert.
»Ich meine damit, dass das heute eine einmalige Sache ist.«
Ist es deswegen?
Es gab keine Spuren der letzten Nacht.

Ich war mir so sicher, dass es ein paar Knutsch-flecke geben würde, aber nein ...
Warum ist mir das gestern nicht aufgefallen?
Die Tatsache, dass diese Nacht die beste meines Lebens war ...
... spielt nur für mich eine Rolle.
Ich bin wütend.
Ugh ... Jetzt tut mir langsam auch mein Körper weh.
Habe ich mich etwa erkältet?
Zwt
Direktor Kang scheint vollkom-men in Ordnung zu sein.
Er scheint nicht einmal müde zu sein.
Das macht mich noch wütender.

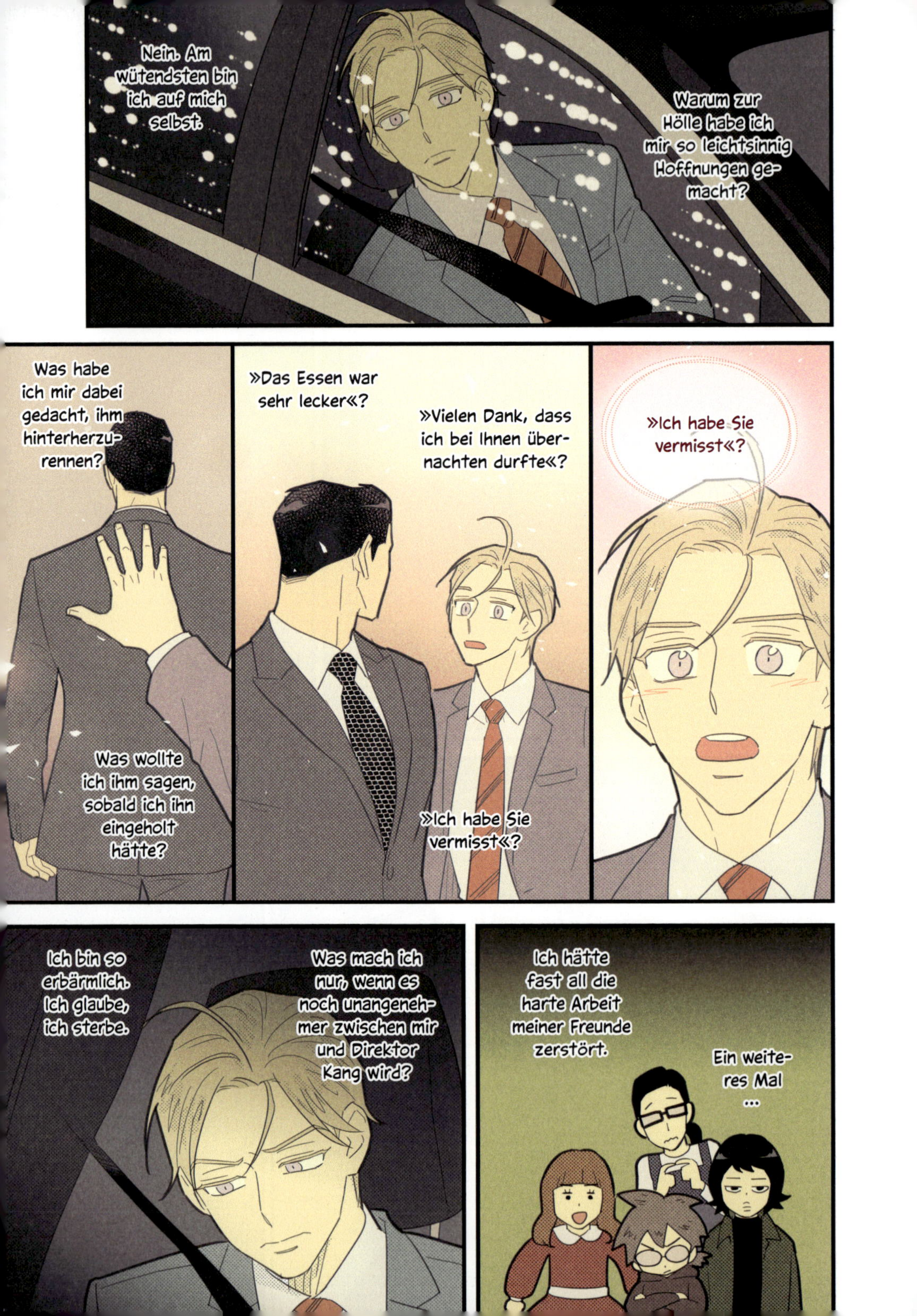
Nein. Am wütendsten bin ich auf mich selbst.
Warum zur Hölle habe ich mir so leichtsinnig Hoffnungen gemacht?
Was habe ich mir dabei gedacht, ihm hinterherzurennen?
Was wollte ich ihm sagen, sobald ich ihn eingeholt hätte?
»Das Essen war sehr lecker«?
»Vielen Dank, dass ich bei Ihnen übernachten durfte«?
»Ich habe Sie vermisst«?
»Ich habe Sie vermisst«?
Ich bin so erbärmlich. Ich glaube, ich sterbe.
Was mach ich nur, wenn es noch unangenehmer zwischen mir und Direktor Kang wird?
Ich hätte fast all die harte Arbeit meiner Freunde zerstört.
Ein weiteres Mal ...

Ich bin an diese Firma gekommen, um zu arbeiten, und nicht um zu daten.
Reiß dich endlich zusammen!
Beherrsch dich und benimm dich wie ein Erwachsener!
Entschuldigung wegen vorhin.
Hm?
Sie waren vermutlich in Schwierigkeiten, weil ich einfach so in den Meetingraum reingeplatzt bin, oder?
Ein Vorstandsmitglied hat sogar geschimpft …
Ich werde in Zukunft umsichtiger sein!
Das ist nichts …
… wofür Sie sich entschuldigen müssen, Herr Ahn.
Dass dieses Vorstandsmitglied geschimpft hat, ist sein Problem.
Die Tür zum Meetingraum kann von jedem geöffnet werden.
!

Es hing ja kein Schild mit der Aufschrift **»Zutritt nur für Befugte«** an der Tür, oder?
Ach, das stimmt.
Zum Glück …
Bin ich beruhigt!
Aber vielleicht wäre es besser, wenn es in Zukunft so ein Schild gäbe.
Hmm …
Fssch
Oder auch nicht. Es hat ihn also doch gestört.
Aber …
… er sieht gar nicht so wütend aus, wie ich es befürchtet hatte?
Oder bilde ich mir das nur ein?

Ihr reservierter Tisch befindet sich dort drüben.
Wow ... Es ist ziemlich luxuriös.
Vrrm
Die Präsidentin besucht also solche Restaurants.
Was für eine Person sie wohl ist?
Bubumm
Bubumm
Ich muss kurz telefonieren. Sie können sich bereits etwas aussuchen.
Alles klar.
Mal schauen.
Huuuugh
Ist das teuer!

Ich verstehe. In Ordnung.
Sie können Feierabend machen, Frau Cha.
Herr Ahn.
Hummer? Spanischer Schinken? Filet?
Ansteigender Hunger
Sabber
Der Präsidentin ist leider etwas dazwischengekommen, sie entschuldigt sich.
Verzeihen Sie.
Ah ... Nein, na ja ...
Warum entschuldigen Sie sich?
Na ja, in dem Fall ...
... steh ich mal wieder auf ...
Klatter

Jetzt, wo wir schon einmal hier sind …
Gwit
Plonk
… lassen Sie uns etwas Leckeres essen.
Heute zahlt die Firma.
Nicht nur …
… dass er kein wütendes Gesicht macht, sondern …
… er scheint fast schon gut gelaunt zu sein.
Oder bilde ich mir das wieder nur ein?
Wir sind nur zwei Personen. Würden Sie bitte den übrigen Platz abdecken?
?!

Hah!
Wie unvorsichtig von mir! Ich denke schon wieder an solche Sachen!
Egal, wie sehr ich mich anstrenge …
… ständig geht mir die letzte Nacht durch den Kopf.
Was denkt Direktor Kang jetzt gerade wohl?
Herr Ahn?

Herr Ahn.
Gibt es ein Problem?
Mein Gesicht ist vermutlich total rot!
Ich muss schnell das Thema wechseln!
Ähm …
… für wie viele Personen ist dieses Menü?
…
Eine Person.
Was ?!
Und da ist alles dabei, was hier steht?
Viel wichtiger, dieser Preis ist nur für eine Person?!

Machen Sie sich keine Sorgen.
Die Portionen sind sehr klein.
Ah, ach so.
In dem Fall ist der Preis noch schockierender?!
Hmm … Hngh … Hm …
Was für ein Gericht ist das …?
Herr Direktor, ist das nicht …
?
Ist das nicht gegen das Gesetz?
Welches Gesetz?

Das Korruptionsgesetz.
Hmpf
Hä? Was? Lacht er etwa gerade?
Was, was? Was ist los? Habe ich was Falsches gesagt?
Nichts, nichts.
Dieses Gesetz betrifft nur öffentliche Angestellte, aber ...
... es ist schön, dass Sie so vorsichtig sind.

Ich finde, als Vorstand einer Firma ist so eine Eigenschaft sehr nützlich.
Ich habe nur vor mich hin geplappert. Mach mir kein Kompliment!
Sie haben recht. Ursprünglich war dies für das Meeting zwischen der Präsidentin und Ihren Teammitgliedern vorgesehen. Jetzt, wo die Mitglieder des Meetings sich geändert haben, wäre es nicht angemessen, die Firmenkarte zu verwenden.
Also lassen Sie es uns so machen.
Ich zahle das Abendessen …
… und Sie, Herr Ahn, spendieren mir nachher ein Eis.
In Ordnung?
Aber das ist doch, als ob …
… er mich nach einem Date fragt?
Ach was! Verlier nicht die Selbstbeherrschung, Yiyoung!
Hirn an zum Denken!

Denk nach.
Ich bin der Geschäftsführer eines Projektes, das Direktor Kang leitet.
Es wäre unhöflich, wenn er sagen würde: »Das Meeting ist abgesagt, gehen Sie nach Hause«, nachdem er mich bereits hierhergebracht hat.
Deswegen ist dieser Vorschlag nichts Besonderes.
Das hat nichts mit gestern zu tun.
Es ist rein geschäftlich.
Das ist einfach nur, um unsere Geschäftsbeziehung auszubauen.
Also ist das auch ein Teil meiner Arbeit.
Blink
Ich muss mich beherrschen!
Äh, dann …

... helfen Sie mir bitte beim Auswählen.
Ich bin zum ersten Mal in so einem Restaurant.
Hi Hi
Business-lächeln
Sehr gerne.
... und Haji kümmert sich nicht nur um das Design ...
... sondern ist auch sehr gut im Videoschneiden. Sie filmt sogar Vlogs!

Sie ist diejenige, die in mich hineingerannt ist, oder?
Genau!
Ah, damals sind alle total durchgedreht, weil wir gedacht haben, Sie würden sauer sein, Herr Direktor.
Ha-ha ha
Hah ...
Warte mal. Seit wann plappere ich so aufgeregt vor mich hin?
Ah, Entschuldigung. Ich rede zu viel.
Anfangs war ich natürlich nervös, aber ...
Nein nein, es ist faszinierend.
Die Geschichten über Ihre Teammitglieder haben mir einige Geschäftsideen gegeben, es war sehr informativ.
... er schafft es immer wieder, dass ich mich entspanne und gar nicht anders kann ...

Wie erwartet, nicht jeder kann es so weit schaffen wie er.
Ich möchte das auch lernen.
Also dann ...
... als Nächstes ...
... Eis?
Bwomm
Ah, nein ...!
Atme tief durch, Yiyoung!

Japp! Eis! Natürlich!
Das ist geschäftlich. Rein geschäftlich!
Wumm
Was für ein Eis möchten Sie haben, Herr Direktor?!
Lassen Sie es mich einfach wissen!
Geschääääftliiiiiiiiiiiiiiich!
Aber, das ist ja ...
... tatsächlich einfach nur ganz normales Eis, wie Sie gesagt haben.
Ich hätte wirklich nicht erwartet, dass Sie so etwas mögen würden.

Und Sie haben es sogar in der Waffel geholt!
Ich habe echt gedacht, Sie scherz...
Huch! Direktor Kang schleckt sein Eis.
Wie unwirklich ist das denn?
Ach was. Dieses Eis ist äußerst lecker. Schnell, essen Sie, bevor es noch schmilzt.
Sehr lecker!
Oder? Hier ist selbst die Waffel richtig gut!
Je besser ich Sie kennenlerne, Herr Direktor ...
... desto mehr unerwartete Seiten entdecke ich an Ihnen.

Ach ja?
Und nach wie vor kann ich …
… seinem Gesicht nicht widerstehen.
Eine gute Geschäftsbeziehung zum Direktor aufbauen
Das wird schon wieder gefährlich!
Oh? Scheint, als ob da irgend-etwas los ist.
Geschäftlich! Geschäftlich!

Das ist wohl ein Papierlampion-Festival.
Das ist offensichtlich meine »Arbeit« …
Lassen Sie es uns zusammen anschauen.
… aber ist es in Ordnung …
… dass diese »Arbeit« sich so süß anfühlt?

Also wirklich …
… muss man unbedingt dort ein Foto machen?
Sodass man sogar extra dafür ansteht?
Genau, Sie haben recht.

Man kann doch einfach so ein Foto machen!
Katschick
Ich habe ein Foto mit Direktor Kang gemacht!
Hi hi, das hat er nicht erwartet!
Ugh! Er wird mich darum bitten, das Bild zu löschen, oder?
Ist es gut geworden?
Ah, leider etwas verwackelt.
Swp
Swp
Nein! Ich werde es nicht löschen! Das ist meins!
Lassen Sie uns noch eins machen.

Nicht bewegen.
Katschick
?
Okay, noch eins.
Bitte geben Sie mir Ihre Telefon-nummer.
Waaas? Das fühlt sich ...
Ich werde Ihnen die Bilder schicken.
... wie ein Date an.
Ah! Nein! Das ist ge-fährlich.
Pffft!

Ich werde es einfach über-spielen.
Herr Direktor, versuchen Sie gerade meine Nummer zu kriegen?
Sie können so was ziem-lich gut.
Und ich werde ihn etwas necken.
Nun ja ...
... es ist doch üblich, die Handynummer des Geschäftsführers der Partnerfirma zu wissen.
Zuck
Genau. Ohne das Projekt würde so ein einfacher Stu-dent wie ich ...
Hier, bitte.
... niemals hier mit dem Direktor einer großen Firma sein.

Ich habe sie Ihnen geschickt.
Dass ich die Möglichkeit habe, mit so einem tollen Erwachsenen Zeit zu verbringen …
Wollen wir langsam zurückgehen?
Herr Direktor!
Ich … A… Autofahren!
Bitte bringen Sie mir Autofahren bei!
Ich habe zwar einen Führerschein, aber ich bin ziemlich ungeschickt.
Wenn ich unsere Teammitglieder, Computer oder Ähnliches rumfahren muss, ist es ein Chaos …
Ähm … Sie wissen schon, damit … alles weiterhin glatt läuft …
Das … Das war das Erstbeste, das mir eingefallen ist? Aber hätte ich mir nicht etwas Besseres überlegen können?

Hmm ...
Ich würde gerne etwas Fahrtraining von Ihnen bekommen, Herr Direktor. Sie können ziemlich gut fahren.
Ha, selbst ich weiß, dass das zu viel ist.
Ich habe ab morgen eine Geschäftsreise, deswegen geht diese Woche leider nicht.
Nächste Woche Samstag.
Haben Sie dann Zeit, Herr Ahn?
Was?
Äh ... Ja, klar ...!
Also wir sehen uns.

Ich werde es Ihnen so gut wie möglich beibringen.
Ja!
Nach diesem Tag …
… arbeitete ich fleißig.
»Diese Verabredung ist nur, um die Zusammenarbeit mit dem Direktor zu verbessern.
Yeaaah! Super, Herr Geschäftsführer!
Das ist Teil meiner Arbeit.
Und deswegen darf ich nicht aufgeregt sein.«
Zumindest redete ich mir das selbst ein.

Schließlich war der Samstag gekommen.
Herr Ahn.
Ich hoffe, es geht Ihnen gut?
Ah! Ich darf nicht aufgeregt werden ...
Ja.
Das ist das erste Mal, dass ich Direktor Kang in Zivilkleidung sehe.

Zumindest sollte ich das nicht zeigen!
Wollen wir los?
Also, hier sind meine Autoschlüs-sel.
Gut, dann werde ich ...
... zuerst den Sitz und die Spiegel an-passen.
Ähm ... Herr Direktor, es gibt da et-was, was ich nicht bedacht habe.
Ist das wirklich okay, wenn ich dieses (teure) Auto fahre?
Ich habe nur ein Auto.
Schon okay, es ist ver-sichert.
Äh ...

Der Knopf zum Ausrichten des Sitzes ist dort drüben.
Japp!
Also, das so ...
Hä? Er bewegt sich nicht? Ist er das nicht?
Muss ich vielleicht ziehen?
Nein, nein, das auch nicht?
Oh, hmm ...
Dieser Knopf ...

Zuck
... funk-tioniert so.
Sie müssen ihn nur in die Richtung drücken, in die Sie den Sitz bewegen wollen.
Das Gleiche gilt für die Rückenlehne.
Gwipp

Schluck
Alles in Ord-nung?
Bubumm
Bubumm
Bubumm

So sollte ...
... es bequem sein.
Ah, der Sitz! Ja, ja!
Bequem! Genau, perfekt!
Was ein Schreck!
Warum ist er mir plötzlich so nah gekommen? Das hat mich wirklich überrumpelt.
Der Rückspiegel ist auch okay ...
Ah, darf ich den überhaupt anfassen?
Alle Fahrgäste bitte anschnallen!
Klick
Und Abfahrt!
Konzentrier dich! Er hat nur erklärt, wie man den Knopf bedient.

Vielleicht wäre es besser, wenn wir etwas in der Gegend herumfahren, bevor wir uns auf die Schnellstraße wagen.
Nein, vermutlich konnte er das einfach machen, weil er für mich nichts empfindet.
Tick
Hach ...
Ja ... das ist die Realität.
Ich bin hier der Einzige, der total aufgeregt ist.
Ich kann nicht glauben, dass ich so tu, als ob jede einzelne Aktion eine Bedeutung hat ...
Ich bin mir sicher, dass ich für ihn nicht mehr als ein Geschäftspartner bin.

Wie erbärmlich,
Yiyoung.
Ssrrscht
Ähm, Herr Ahn.
Seien Sie ehrlich.
Sie können eigentlich gut Auto fahren, oder?
Ah
Ah, das ...

Nun, ehrlich gesagt war ich …
… während meines Wehrdienstes ein Fahrer …
Ich hatte vor, so zu tun, als ob ich nicht fahren könnte, aber ich habe an andere Sachen gedacht. Und jetzt?
Wird er eine Erklärung dafür verlangen, warum ich gelogen habe?
Argh! Du kannst nicht einmal so tun, als ob du was nicht kannst? Was kannst du überhaupt, Yiyoung?
Auto fahren
PFFt
Wirklich?
Dann lassen Sie uns nach einem leckeren Restaurant in Gyeonggi-do* suchen und losfahren.
Wenn wir schon mal hier sind.
* Provinz, welche die Hauptstadt Seoul umgibt.

Ähm, Herr Direktor? Wie wäre es mit Tofu-Eintopf?
Kennen Sie dafür etwa ein gutes Lokal?
Ja! Eines, in das unser Kommandant regelmäßig gegangen ist. Es ist sehr lecker.
Sie waren also nicht nur irgendein Fahrer ...
... sondern der Fahrer eines Kommandanten?
Ja!
Dann wende ich das Auto mal.
Wow! Sie brauchen nicht einmal die Rückfahrkamera ...
Rückwärtsfahren
Ich werde Sie sicher zum Ziel bringen!

Sieht ziemlich gemütlich aus.
Es freut mich, dass ich mit Ihnen hier sein kann.
Sehr gut, ich habe mich etwas beruhigt.
Ich wollte, dass wir uns besser kennenlernen, Direktor Kang. Aber mir fiel keine andere Ausrede ein.
Grins
Jetzt verstehe ich, warum Geschäftspartner immer Golf spielen.
Vielleicht sollte ich es auch lernen. Für das Geschäftliche.
Also ist das hier gerade ...
... rein geschäftlich?

Ach, nichts.
Bitte? Was haben Sie gesagt?
Herr Ahn, bitte wählen Sie für mich ein Gericht aus.
Ich esse im Grunde alles, also ...
... möchte ich etwas essen, was Sie mögen, Herr Ahn.
Ja! Verlassen Sie sich auf mich!
Ah, ich bin ihm schon wieder fast verfallen!

Guten Appetit.
Und?
Schmeckt es Ihnen?
Guten Appetit.
Es ist ziemlich scharf, aber die Brühe ist schön mild. Wirklich köstlich!
Das könnte ich öfter essen.
Freut mich, das zu hören.
Hi hi
Essen Sie, so viel Sie wollen!
Ssssst

Zuck
Sein Fuß hat meinen berührt.
Bemerkt er das etwa nicht?
Unter diesem winzigen Tisch ist wohl nicht genug Platz für seine langen Beine!
Uwaaah!
Wipp
Wipp
Tapp

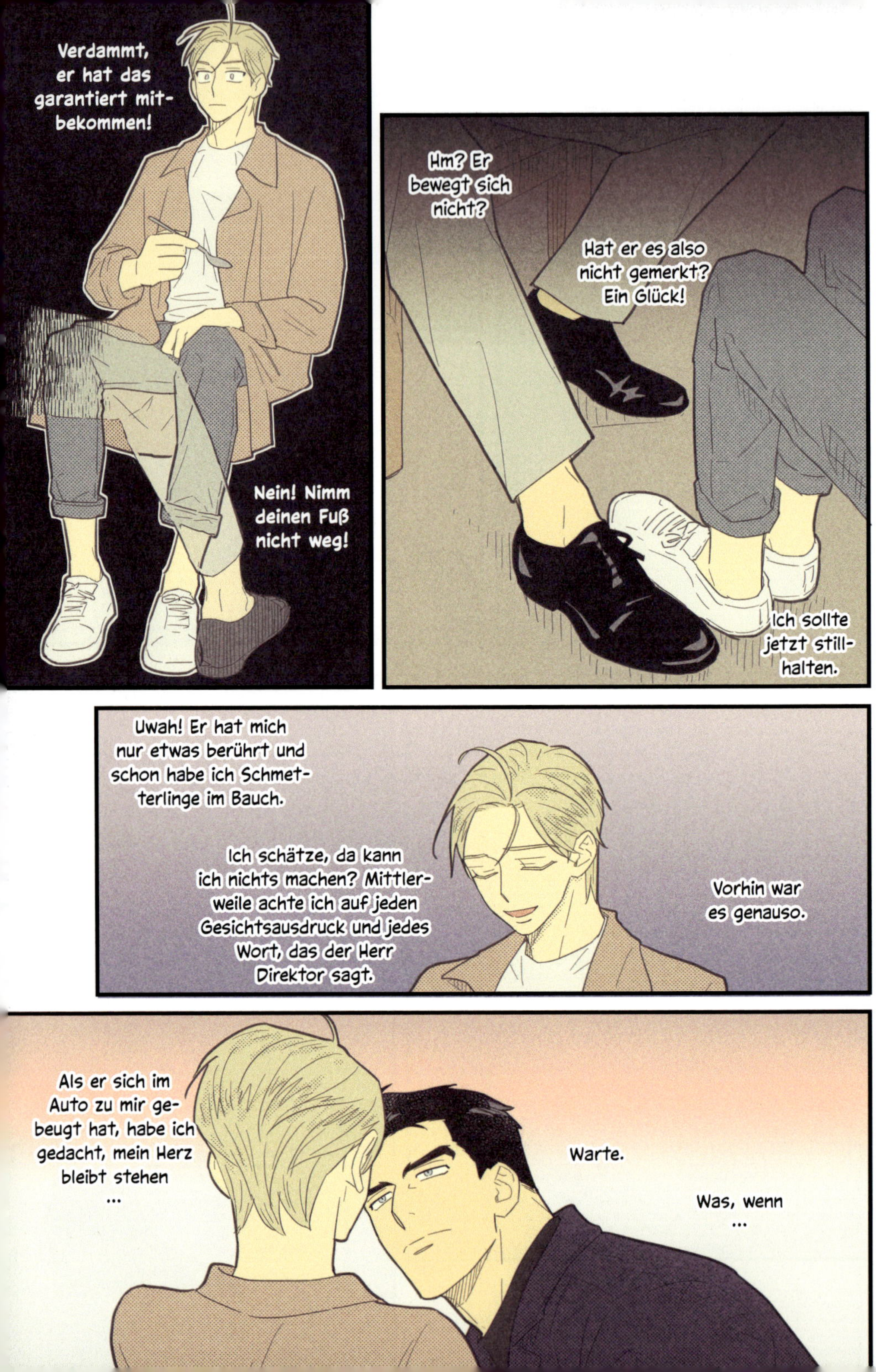

Verdammt, er hat das garantiert mit-bekommen!
Nein! Nimm deinen Fuß nicht weg!
Hm? Er bewegt sich nicht?
Hat er es also nicht gemerkt? Ein Glück!
Ich sollte jetzt still-halten.
Uwah! Er hat mich nur etwas berührt und schon habe ich Schmet-terlinge im Bauch.
Ich schätze, da kann ich nichts machen? Mittler-weile achte ich auf jeden Gesichtsausdruck und jedes Wort, das der Herr Direktor sagt.
Vorhin war es genauso.
Als er sich im Auto zu mir ge-beugt hat, habe ich gedacht, mein Herz bleibt stehen ...
Warte.
Was, wenn ...

Was soll ich machen …
… wenn es eine tiefere Bedeutung hat?
Das vorhin im Auto …
… und das jetzt.
… er so was mit Absicht macht?
Wie soll ich darauf reagieren?

Ach was
...
Tock

?!
Fwuaah

On or Off

On or Off

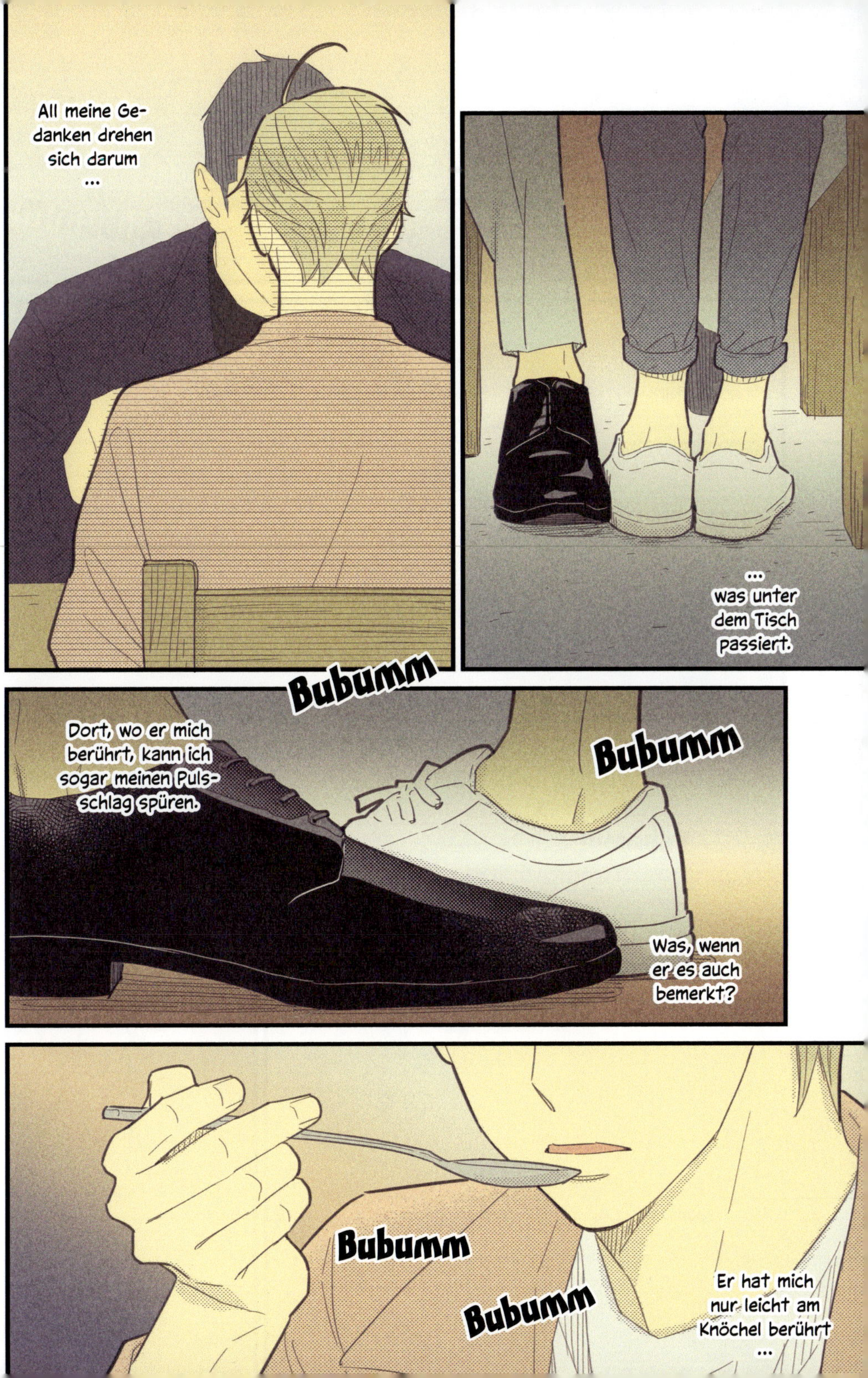
All meine Gedanken drehen sich darum
...
...
was unter dem Tisch passiert.
Bubumm
Dort, wo er mich berührt, kann ich sogar meinen Pulsschlag spüren.
Bubumm
Was, wenn er es auch bemerkt?
Bubumm
Bubumm
Er hat mich nur leicht am Knöchel berührt
...

... aber schon bin ich erregt.
Bubumm
Bubumm
Warum zur Hölle bleibt er so still?
Was be-deutet das?
Ich weiß es nicht.
Bubumm
Bubumm
Keine Ahnung ...
Bubumm

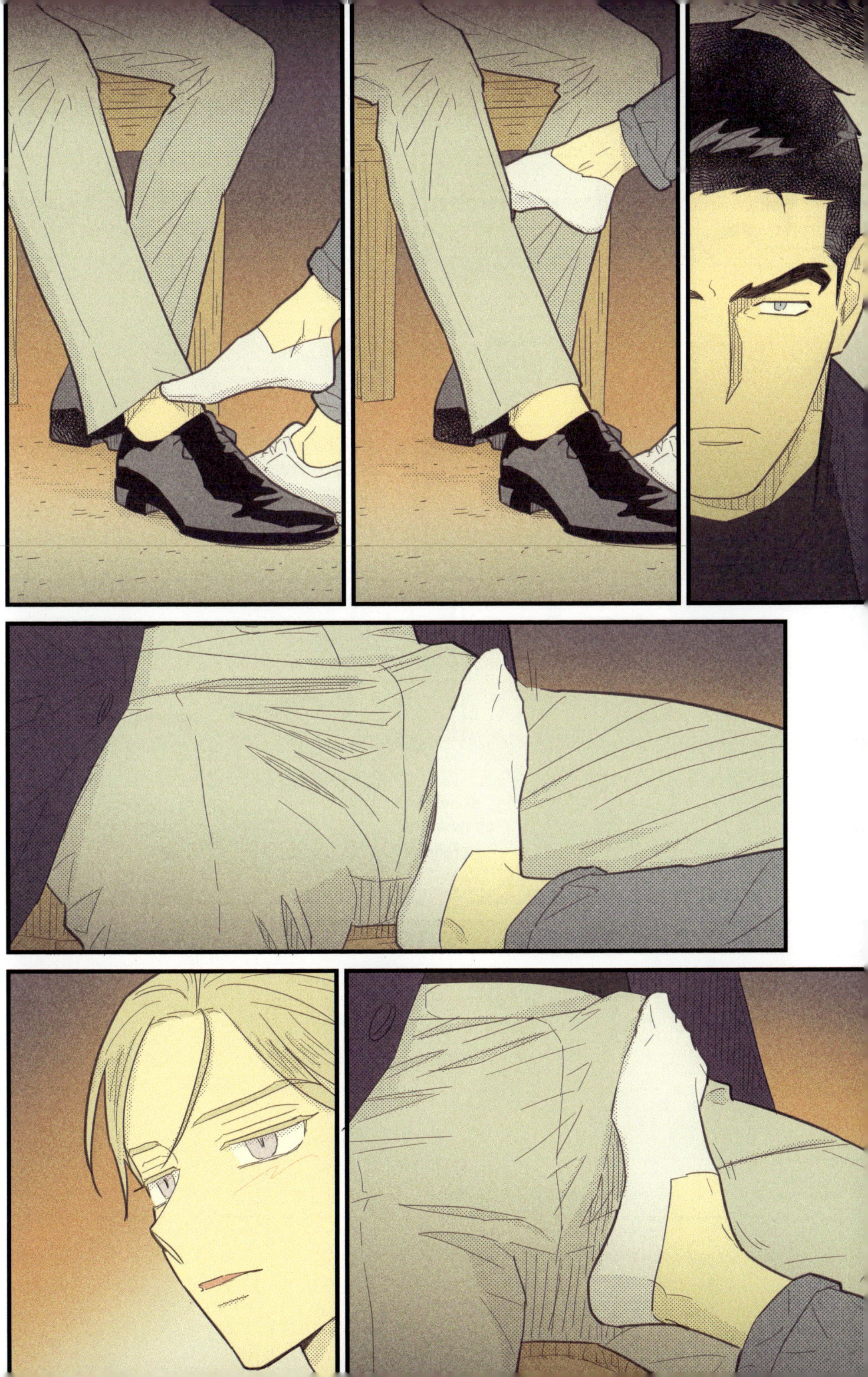

Was machen Sie da?
Hören Sie auf.
Ich will aber nicht.
Sie haben es doch provoziert, Herr Direktor, oder?
Gwwt
Außerdem ...
... scheint es Ihnen zu gefallen ...
Hngh!
Herr Ahn ...!
Wupp

Das ist gefährlich.
Hah
Haah
Ist es so ....
... scharf?
Was?
Ihr Ge-
sicht ist
knallrot.

Wah! Was habe ich mir gerade vorgestellt?
Das liegt wohl daran, dass ich so was ewig nicht gegessen habe.
Pfrrrt
Ssst
Egal was ich mache, er reagiert nicht.
Natürlich. Immerhin ist er erwachsen …
Ah, ich verstehe …
»Das heute ist eine einmalige Sache«, hat er gesagt, bevor er mit mir geschlafen hat.
Eine Cola bitte.
Und trotzdem fantasiere ich über einen Mann wie ihn.

Ich schätze, ich bin wirklich ein Perversling geworden.
Das wer-de ich mir merken ...
... dass Sie nicht so gut Scharfes es-sen können.
Eigentlich vertrage ich scharfes Essen sehr gut.
Aber vor Ihnen bin ich nicht ganz ich selbst.
Ich achte zu sehr auf Sie, Herr Direktor.

Halten
Sie kurz das
Auto an.

Was denkt
...
...
Direktor Kang
über mich?
Er muss mich
zumindest ein
bisschen mö-
gen, oder?
Nein,
vielleicht
...
...
sogar
mehr als
das.

Ich habe mitbekommen, Sie hatten ein Meeting mit der Marketingabteilung?
Nach dem, was ich gehört habe, werden Sie bald einen Werbespot drehen …
Wir haben etwas gegessen, zusammen Kaffee getrunken und über die Arbeit gesprochen.
Jetzt ist es langsam Zeit, dass wir nach Hause fahren.
Vielleicht möchte er aber …
… auch noch etwas länger mit mir zusammen sein?
»Ich hatte keine andere Wahl, als mich für Ihr Team zu entscheiden.«
»Ich habe normalerweise nicht solche Beziehungen mit Arbeitskollegen.«
Empfindet er etwa das Gleiche für mich?
»Ich meine damit: Das ist eine einmalige Sache.«
Vielleicht kann er es mir aufgrund seiner Position nicht direkt sagen …

Lassen Sie uns noch eins machen.
Nicht bewegen.
Kann es sein, dass er mir stattdessen Hinweise gibt?
Darauf wartend, dass ich dahinterkomme ...
Bubumm

Wenn ...
Wenn das so ist, dann ...
... sollte ich versuchen, den ersten Schritt zu machen?

Also wie wäre es …
… wenn ich ihm meine Gefühle gestehe?
Ich könnte versuchen, es ihm auf eine Art zu vermitteln, die ihn nicht unter Druck setzt.
Aber würde er dann nicht so tun, als ob er keine andere Wahl hätte, und es annehmen?
Nein, nein. Vielleicht ist es besser, es nicht direkt zu sagen.
Immerhin kann es sein, dass er mir Hinweise gegeben und dabei sogar sein Ansehen riskiert hat.
Aber was, wenn ich doch den Mut aufbringe?
So oder so, solange ich nichts sage, wird auch nichts passieren.
Nichts wird passieren und am Montag werde ich ganz normal wieder nur ein Geschäftspartner sein.

Würde Direktor Kang meine Gefühle akzeptieren?
In dem Fall …
… könnte ich diese Aussicht …
… Hand in Hand mit ihm genießen?
Wenn das so ist, dann könnten wir …
… auch ein Paar werden?

Ach, nein, warum verfange ich mich schon wieder in solchen Fantasien?
Was wird aus unserem Projekt, falls es nicht klappt?
Was wird aus meinen Freunden?
Ich sollte nichts Gefährliches machen.
Immerhin repräsentiere ich unser Team.
Ich muss Verantwortung übernehmen!
Es wäre …

... wirklich schade, diesen Moment zu verpassen.
Badumm
Badumm
Badumm
Badumm

Ähm
...
Swt

W... Was?!
Er hat gemeint ...
... dass es schade wäre, kein ... Foto zu machen ...
Blass

Habe ich ...
... vielleicht irgendetwas gemacht, was Sie falsch verstanden haben?
Falsch
ver...
...stan...
...den
Falsch ... verstanden?
Was habe ich ...
... gerade getan?

Ich hatte es Ihnen doch bereits gesagt.
Haah ...
Ich kann keine Beziehung mit einem Geschäftspart...
?
Also hat er mir keine Zeichen gegeben?
Ich habe es verkackt.
Ich habe alles zerstört.
Herr Ahn, Sie haben doch nicht etwa ...
Ich wünschte, ich würde vom Boden verschluckt werden!

Mögen Sie ... mich etwa?
Ich wünschte, ich könnte mich einfach in nichts auflösen.
Herr Ahn, ich ...
Krietsch

Nimm deine Hände weg!
Quieeee
WroOom
Srrrt
Ah, Mist!

Hey! Du! Werd erst mal wieder nüchtern!
Bleib hier!
Was mach ich nur! Was mach ich nur!
Haben wir Sie sehr er-schreckt?
Es tut mir leid!
Wurde das Auto stark verkratzt?
Frau ... Cha?
Argh! Herr Direktor?!

Herr Ahn!
Ach, das …
Was machen Sie hier?
Tapp Tapp Tapp
Herr …!

Vroooom
Fump
Wow! Ich kann es nicht glauben! Wie peinlich ...
Das habe ich mir alles nur eingebildet?
Ha ha
Ich bin wirklich ein Idiot.
Hah ...
Tropf Tropf

Herr Ahn ...
Haah ...

Haben Sie es etwa ... ernst mit mir gemeint?

Bonus
On or Off

On or Off

Wir sind nicht mehr im Kinder-garten ...
Also wie lang wird Yiyoung mit mir noch Händchen haltend zur Schule laufen?
Es ist wirklich nervig. Es gibt ein Limit, was ich aushalten kann.
Yiyoung ...
... wie lang wirst du ...
Hä?
Mina und Yiyoung, Mina und Yiyoung.
Mina und Yiyoung sitzen auf 'nem Baum. Die beiden knut-schen rum, man glaubt es kaum!
La la la la la
Hi hi hi! Was für Turtel-täubchen!

Aber wir sind doch gar kein Paar.
Ah!
Nun ...
Wenn ihr es nicht seid, warum haltet ihr dann Händ-chen?
Pff
... weil wir Freunde sind!
Möchtest du auch un-sere Freundin sein?

Hi hi hi hi
Natür-
lich!

**Yiyoungs und Minas erster Tag in der Grundschule.**

On or Off

## On or Off

**Vorschau auf Band 3**

**Yiyoung ist deprimiert, weil Direktor Daehyung Kang so tut, als ob nichts passiert sei.**

Der erste Auftritt von Präsidentin Song!

**In diesem niedergeschlagenen Moment ergibt sich eine unerwartete Situation im Werbefilmstudio!**

**Doch dann fällt Präsidentin Song eine Entscheidung!**

Und nach einer langen Geschäftsreise

## ... begegnet Direktor Daehyung Kang ...?!

In Band 3 geht es spannend weiter!

## Killing Stalking

Koogi

Außenseiter Bum Yoon wird von allen gemobbt. Als ihm der gut aussehende Sangwoo zu Hilfe kommt, verliebt er sich Hals über Kopf in ihn. Doch aus seiner Schwärmerei wird bald eine echte Obsession, die ihn so weit treibt, in Sangwoos Haus einzubrechen. Und dort wird schnell klar, dass der Sonnyboy ein dunkles Geheimnis verbirgt und Bum Yoon so schnell auch nicht wieder gehen lassen wird …

**Hyperventilation**

Bboungbbangkkyu

Zu seiner Schulzeit war der an einer Lungenkrankheit leidende Myeong ein Außenseiter. Als er neun Jahre später auf einem Klassentreffen seine alten Schulkameraden wieder trifft, muss er jedoch feststellen, dass sich vieles verändert hat. Doch gilt dies auch für seine unerwiderten Gefühle für den damaligen Klassensprecher Seon-Ho?

altraverse

Deutsche Ausgabe / German Edition
Altraverse GmbH – Hamburg 2021
Aus dem Koreanischen von Anna Herr



Redaktion: Anne Faltin
Herstellung: Madlyn Weyhe
Lettering: Vibrant Publishing Studio

Druck: Silber Druck oHG
Printed in Germany

MIX
Papier
FSC FSC® C083411


ISBN: 978-3-96358-971-3
1. Auflage 2021

www.altraverse.de